中国教育专家领航系列丛书

教育中的

事与是

张洪波／著

世界图书出版公司

图书在版编目（CIP）数据

教育中的事与是 / 张洪波著 . -- 北京 : 世界图书
出版公司，2020.7
　　ISBN 978-7-5192-7477-1

　　Ⅰ . ①教… Ⅱ . ①张… Ⅲ . ①教育研究 — 中国 Ⅳ .
① G52

中国版本图书馆 CIP 数据核字（2020）第 069423 号

书　　　　名	教育中的事与是
（汉语拼音）	JIAOYU ZHONG DE SHI YU SHI
著　　　　者	张洪波
总　策　划	吴　迪
责　任　编　辑	王林萍
装　帧　设　计	包　莹
出　版　发　行	世界图书出版公司长春有限公司
地　　　　址	吉林省长春市春城大街 789 号
邮　　　　编	130062
电　　　　话	0431-86805551（发行）　0431-86805562（编辑）
网　　　　址	http://www.wpcdb.com.cn
邮　　　　箱	DBSJ@163.com
经　　　　销	各地新华书店
印　　　　刷	长春市农安县胜达印刷厂
开　　　　本	787 mm×1092 mm　1/16
印　　　　张	20.75
字　　　　数	219 千字
印　　　　数	1—3 000
版　　　　次	2020 年 7 月第 1 版　2020 年 7 月第 1 次印刷
国　际　书　号	ISBN 978-7-5192-7477-1
定　　　　价	45.00 元

总序

教育大计，教师为本。

《国家中长期教育改革和发展规划纲要（2010－2020年）》（以下简称《纲要》）中要求，"创造有利条件，鼓励教师和校长在实践中大胆探索，创新教育思想、教育模式和教育方法，形成教学特色和办学风格，造就一批教育家，倡导教育家办学"。2012年《国务院关于加强教师队伍建设的意见》（国发〔2012〕41号）在《纲要》精神的基础上，更明确提出要"培养造就高端教育人才"。党的十九大报告也进一步明确强调"优先发展教育事业"，打造教育家型教师是深入贯彻落实党的十九大精神和教育方针，办好人民满意教育的一项重要举措。

教育事业的发展离不开德才兼备的优秀教师。教育家型教师是教师队伍的领军人物，是引领教育事业发展的楷模和榜样，是教育事业改革与创新的核心力量，成为教育家型教师是每位教师的职业追求。

国将兴，必贵师而重傅。多年来，长春市把全面加强教师队伍建设作为一项重大政治任务和根本性民生工程切实抓紧抓好，遵循教师培养的规律，不仅高度重视新教师、骨干教师和名师的培养，也十分重视教育家型教师的打造。《中国教育专家领航系列丛书》选取了在长春教育一线工作，有教育情怀、有教育思想、有教育业绩，在全国有较大影响力的专家型教师，系统地诠释他们的教育主张、教学风格、教育智慧以及在教育教学中的学术成果。旨在传播这些教育家型教师的思想，推广其教育教学经验，进而感召和引领广大教师专业成长，推动教育事业的发展。

就在本丛书推出的过程中，中共中央、国务院印发了《关于全面深化新时代教师队伍建设改革的意见》（以下简称《意见》）。《意见》指出："到2035年，教师综合素质、专业化水平和创新能力大幅提升，培养造就数以百万计的骨干教师、数以十万计的卓越教师、数以万计的教育家型教师。"本丛书的推出，恰逢其时。希望本丛书能为中国教师领跑，为实现教育现代化领路，为中国教育领航。

黄宪昱

2020 年 4 月 21 日

序

作为一名教育人，在教育的道路上步履匆匆，行走间突然觉得脚步不再轻盈，不单是因为教育和过去有了些许不同，更是因为走过一段路的人，行走中爬坡、过坎、涉水、穿山，在领略沿途风景的同时，也会憧憬远方，想脚下的路该怎么走，自然会有满满的行者的故事。

作为一名教育人，学校中几乎所有岗位都有过体验，且参与见证了改革开放以来的诸多教育改革与实践，目睹了众多曾经引以为豪的做法现在变为教育困局。社会对教育的"恶评"甚嚣尘上，我不以为然。

教育作为一项重要的社会事业，如果人们能认识到，教育培养的人才已经把我们曾经贫穷且伤痕累累的祖国建设成繁荣富强的伟大国家，那么他们对中国教育的评价必定会宽容许多。"教育需要重拾党的教育方针"，"教育改革急需'定力'"，教育人需要在"乱花渐欲迷人眼"的纷繁中，看清那条不变的前行之路；面对百思不得其解的忙不完的作业、无法控制的疯狂的补课陀螺阵，我们应该看到，这是一个社会问题，不仅需要教育自身的改革，更要在教育外找到根源，经济基础决定上层建筑，"破解教育困局需要国家强降基尼系数"，让人与人之间的社会地位渐趋平等，优秀的学生才能够减少对利益的追逐，遵从自己的内心去选择职业。

教育管理作为一门艺术，领导者需要学会管理，真正的领导者不是靠制度约束员工，而是能够引领正确方向；国家办好教育要给优秀教师减负，在实际操作中，谁也不能指望千里马犁地一天，还能够日行千里；教师也要明白"德育的高阶操手是智慧教育"，我们认为缺德的人，其根本上是缺少智慧的；"综合素质评价就是教育过程顺道的事",评价是促进教育发展的无奈的修正之法,只有童蒙养正才是育人生长的强大"根系"。

教学作为一门科学,"预习这一教学环节值得商榷","备课、批改都该有新样态了","'听说读写'谁是深度学习","课堂永恒不变的关注点是什么",这些我们习以为常的教学环节都需要教育者重新定位和深度思索;教育创新也要讲科学,"小心创新被'实践'绑架","STEM 教育不是一个筐","前置'分科走班'是课改、考改的全新思路"……依循教育教学规律,不断修正完善创新之举,我们才能行稳致远。

教育是对生命的呼唤。对于起跑线的提法我不反对,关键是怎么跑,"非洲尖毛草的故事"给我们的启示就是,孩子"先向内生长"才会飞得更高,古希腊哲学家苏格拉底说,教育就是把孩子的内心引出来,让他成为自己想成为的样子,我们无法做到人人如此,但我们一定要让孩子"向阳而生"。

本书共分"品读教育""杂谈管理""漫诂教学""点化成长"四部分,内容涉及教育的现象、政策、课程、评价、育人等方面,力求客观思考教育的根本是什么,从哪出发,到哪去,怎么走,教学工作中要坚守的规律、真正的突破点,以及育人的有效的方式都是什么。书中用随笔的方式呈现自己对教育的认知,虽没有面面俱到,但探寻真实可发生的教育是本书的主线。在撰写过程中,力求让教育在理想和现实之间找到可行的道路,虽必存力有未逮之处,但仍努力求索教育初心、目标的所在。

此点滴之笔如能做教育高台之垒土,合抱大树之毫末,心愿足矣!

张洪波

2019 年 3 月 10 日

目　录

品读教育

漫话教学

杂谈管理

点化成长

品读教育

在暴风雨后的一个早晨，一位男士在海边散步，注意到沙滩的浅水洼里，有许多被昨夜的暴风雨卷上岸来的小鱼。被困的小鱼尽管近在海边，也许有几百条，甚至几千条，然而用不了多久，浅水洼里的水就会被沙粒吸干，被太阳蒸干，小鱼就会干涸而死。这位男士突然发现海边有一个小男孩儿不停地从浅水洼里捡起小鱼，扔回大海。男士禁不住走过去："孩子，这水洼里有几百几千条小鱼，你救不过来的。""我知道。"小男孩头也不回地回答。"哦？那你为什么还在扔？谁在乎呢？""这条小鱼在乎！"男孩儿一边回答，一边捡起一条鱼扔还大海。

来自《经典散文吧》2015 年 04 期，作者：王雨佳

编者按：教育回归真实才是王道，《风筝》最让我们感动的是新中国成立后的 20 集，剧情真实地再现了郑耀先回归平民，甚至是成为被改造分子的生活，感人的是人和事的真实。同样，感人的教育也需要真实，那些高居庙堂之上，通过蓄意包装制造出来的教育的繁荣和成果是娱乐而不是教育。陶行知说，生活即教育，这表明教育本就来源于生活，没有生活的底色，教育便毫无价值可言。负责任的教育人，对任何教育改革都该追问一下：可行否？

教育需要人性的回归，拥有人性的教育，才会飞得更高，《风筝》

这部电视剧让所有剧迷真正难以释怀的不是剧情悬疑且主人公果敢、智慧，也不是男演员的潇洒，女演员的漂亮或武功高强，而是，电视剧把故事和现实结合在一起，超越了很多谍战剧，演到了"人性"层面，对人性的拷问，让观众为之动容。

一位教育家说："儿童每天来到学校，并不是以纯粹致力于学习的人的面貌出现的。儿童除了怀有获得知识的愿望外，还带来了他自己的情感世界。"老师的任务绝不仅仅是让学生每天载着知识回家，而应该同时以美与善去熏染他们的情感，使其人性趋于完美，人格趋于健全。忽视情感价值，削弱情感的陶冶，不仅做人会畸形，也会缺少明天再来学校的动力，飞向未来的稳定器和方向舵。正如泰戈尔的一句话：教育的目的应当是向人传送生命的气息。

厉害的中国教育

中国的教育，如果有人找出一百个优点，也就一定会有人说出九十九条不足，这样的争论永远不会有结论。人们要看清一个事物，需要的不只是细节、格局和境界，更需要选择适当的观察位置，正如横看成岭侧成峰，远近高低各不同，不识教育真面目，只因视角只在教育中。

真理需要实践去检验，社会功过得由后人评说。教育是人类社会进步的产物，它的归属和价值就在于服务社会，因此，教育的好坏，不是个人的感受和认知，也不可一事一议，而应立足于"教育培养的广大劳动者，把这个社会建设得怎么样"的角度来评价，这才是客观、发展、辩证的眼光。

在建国初期，我们国家一穷二白，然而在短短的几十年的时间内，我们国家就一跃成为世界第二大经济体。2010 年，中国已经超越了美国成为世界第一制造大国，目前在世界 500 种主要的工业产品中，中国有 220 种产品产量位居世界第一，不仅如此，中国的科技也日新月异，如：造船、高铁、集成电路、互联网科技等都在飞速发展。

我们国家现在拥有世界运算最快的计算机"天河二号"，最大单口径、最灵敏的射电望远镜"中国天眼"，21 世纪 20 年代中国也将是唯一拥有在天运行的空间站"天宫二号"的国家，还有中国的"北斗""量子通讯""大飞机""火箭""航母""中国芯片"……

有人总在说中国创新能力不够，《2016 世界知识产权指标》报告显示，2015 年中国提交的专利居全球第一，首次在单一年度内提交了超过 100 万件申请。中国专利申请量占全球总量的近 40%，超过美国与日本之和，这已是中国连续第五年蝉联全球专利申请量之首，另外世界核心期刊转载率中国人已经排在世界第二，据有关材料统计，21 世纪每有十项发明，就有七项会与中国有关，中国高端人才比西方平均要年轻十岁。仔细分析，支撑这些成就的基础一定是人才，人才背后就是教育，在强大的事实面前我们对我们的教育还不自信吗？

现在很多人看到的都是中国教育的不足，这种看法连西方的记者都看不下去，《纽约时报》曾报道：对中国的教育系统，中国自己没有多少赞誉之声，他们一般爱发发牢骚，自我批评确有一定必要，但是改善教育那份热情更是至关重要。这些人之所以更多的关注不足，实际是内心深处摆脱不了"弱国"心理而时常表现出的一种文化自卑。

中国的文化孕育中国的教育，中国的教育培养了与众不同的中国人。每个民族都流传很多神话，这些神话未必真实存在，但对一个事物的不同反应，可以揭示出一个民族的性格和文化。对于"火"，在西方神话中，火是上帝赐予的，希腊神话里，火是普罗米修斯偷来的；而在中国的神话里，火是人们钻木取火坚持不懈地摩擦出来的；面对洪水，西方人在诺亚方舟里躲避，而中国人的祖先选择的是治水；假如有一座山挡在门前，西方人最有可能选择的是搬家，但中国人讲的故事却是愚公移山；每个国家都有太阳神的传说，在部落时代，太阳神有着绝对的权威，人们要屈从，纵览所有太阳神的神话，只有中国人的神话里有敢于挑战太阳神的故事：夸父逐日，想要把太阳摘下来，人们把他当作英雄来传颂，而在后羿射日的故事里，中国人终于把太阳射下来了；一个女孩被大海淹死了，她也

要化作一只鸟复活，想要把海填平。钻木取火、大禹治水、愚公移山、夸父逐日、精卫填海这些经典故事，诠释出我们中华文化中与天抗争、与大自然抗争，可以输但不能屈服的精神，中华民族是拥有不屈不挠、坚韧不拔的性格的民族。

今天，我们已经逐渐走上了世界舞台的中心，五千年中华民族生生不息的历史也同样证明了，谁也无法阻挡我们中华民族的伟大复兴，因为我们有优秀的中华文化，厉害的中国教育！

教育需重拾党的教育方针

很多年前，党的教育方针是写在墙上、看在眼里、记在心中的，是学生都能熟背的内容。但现在，这个方针却很少见之于我们教育工作者的案头，取而代之的是丰富多彩的教育思想。我们且不说教育思想与党的教育方针之间深度的逻辑关系，以及对比之下的地位、价值和作用，只从实际效能思考。顾明远认为"教育其实是很简单的事"，很多专家和教育工作者也都在强调"教育是静悄悄的事"。

办教育需要顶层设计。党的教育方针"落实立德树人根本任务，发展素质教育，推进教育公平，培养德智体美全面发展的社会主义建设者和接班人"就是教育的顶层设计。办教育也需要有教育思想。但现在最不缺的可能就是教育思想。办教育课程是学校的核心。现在国家倡导的三级课程体系，每级课程体系都有规划，有指导。

因此，当我们重拾党的教育方针时，教育的发展就找到了厚重的"压舱石"，学校的教育改革和发展也找到了稳定的"靶标"，一线的教育工作者可以把更多的精力用在实际问题上，面向教育每个元素扎实开展工作，稳步开拓创新。如此，学校的教育真的就变得简单了。

当把这个问题更具体化时，可以看到：学校的文化，无须刻意造就。像清华大学的"厚德载物"，北京大学的"兼容并包"，都是多年积淀的结果。是融入清华、北大人骨子中无须提示的自觉。学校的特色，无须刻意打造。基于特色人才，开展特色项目，当项目落地结果的时候，学校的特色自然得到彰显。学校的德育，无须刻意强调。润物无声，把管理变成引领与育人，班级管理也可学西方，也可尝试不设班级干部，在学生中建立更为民主的、平等的班级育人体系。学校的教学，无须花样百出。做好"备、上、批、辅、考"五大基本工程，每一项工程的基本任务中都有无数问题，等待我们

教育工作者潜心研究，不断创新。一个简单的"考"字就该含有定量、定性不同的方式，结果定论和促进发展不同的功能。

合抱之木，生于毫末；九层之台，起于累土。教育的发展，需要涓涓细流，方能汇成奔腾江河。当教育重拾"党的教育方针"，教育就会变得简单，变成静悄悄的事。

什么时候才能做"本真教育"

什么时候才能做"本真教育"？

一个简单的教育追问，却是社会、学校、家庭多方关注的焦点，也是国家教育改革的初心，学校、教师教育实践逻辑起点，家长、学生的核心关切。这个简单却直指教育核心的追问，我们看不到答案，不是它不重要，也不是离我们有多远，而是因为人们要跳出教育事业，加上哲学思考，才能看得清晰。

一般说来，"本真教育"就是去除教育的功利而回归教育的"纯粹"，再深刻一些就是让教育回归育人的原点，由对知识的关注转向对人的关注，再具体点就是做对学生终身发展负责的教育。理解和接受本真教育概念并不难，但要回答对本真教育的追问，就必须加入马克思主义的哲学思想和邓小平理论，马克思对共产主义的论述认为，未来所有阶级社会最终将过渡到各尽所能、各取所需的共产主义社会，人类社会的意识形态将进入高级阶段。共产主义社会是每个共产党人心中的愿景，而各尽其能、各取所需描绘的是一个社会状态，自然也包括教育事业，细细分析，这个状态恰是我们所追求的本真教育。因此，"本真教育"其实是我们每个教育人的愿景，共产主义实现的时候，也就是教育人见到理想中的"本真教育"的那一天。

梦想是美好的，道路却是遥远、曲折的，邓小平理论为中国共

产党人指明了现今社会的前行方向，我们将长期处在社会主义的初级阶段，不只是十年、百年，应该是几百年，甚至更长，作为社会的重要构成元素，"教育"必然也要长期处在发展的初级阶段，这是每个唯物主义者对教育必须有的认识。

按"十九大会议"的思想思考教育，当今教育的主要矛盾应该是人们对美好教育的期待与教育事业发展还不均衡不充分的矛盾。具体来讲是社会事业发展不够充分，满足不了人们对教育的需求；社会事业发展不够充分，没有充足的就业机会，直接导致千军万马争过独木桥的升学压力。这两个现实问题将长期存在。即便在社会事业相对非常发达的美国，教育事业的"非纯粹"也随处可见，美国社会也存在择校问题，孩子入学也很关注社会赞助，关注考试平均分、及格率的排名。因此，对优秀的校长、教师以及所有的教育人而言，教育智慧就是厘清社会需求，胸中拥有本真教育情怀，找到当下教育现实需求和本真教育理想需求的平衡点。

在现代的社会治理理论中，社会治理的最高境界不是法制，而是"平衡"，因此，教育人应以不回避的态度，恰当平衡社会对教育的期待，让今天可以做的本真教育，不等到"明天"。这一追问的答案，更大的现实意义在于：

一是有效遏止教育的大跃进思潮，让教育人保持头脑清醒。办教育者，不能找到了一个先进的教育理念，就觉得自己学校的教育，昨天跨过了"黄河"，今天就要跨"长江"。本真教育是教育人的愿景,教育要长期处在初级阶段,这一哲学思考,让我们更要坚定"百年树人"的思想,一任校长以咬定青山不放松的态度,穷其一生的教育追求,努力去做好教育事业,他努力的成果也许在身退之后才会呈现。

二是有效敲打教育的现实悲观主义,让人看到希望。有人认为考不上大学,就很难就业;有现实升学压力的存在,素质教育都免谈。本真教育是教育人的愿景,教育要长期处在初级阶段,这一哲学思考,提醒我们本真教育不是能等到的,只有全人类共同不懈地努力,我们才会接近这一美好的愿望。今天的抱怨,就是不想努力的托词,这样悲观的人也一定在抱怨中度过一生。我们要牢记的是,只有积跬步方能至千里,积小溪方能现江河。

"本真教育"是每个教育人的美好愿景,我们都可从今天做起。

破解教育困局更要在教育外找突破点

教育事业作为最大的民生,民族发展的希望工程,现在已经被

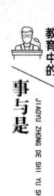

推到了整个社会事业风口浪尖上，人才该怎么培养，疯狂的补课、忙不完的作业怎么解决，择校热、学区房怎么破局，均衡教育怎么落地，这些问题全民都在关注着。

解教育困局关键在于解决基尼系数居高不下的问题。基尼系数是一个国家统计贫富差距数据，是国家财富集中程度的标志，基尼系数最大为"1"，最小为"0"。基尼系数越接近 0 表明收入分配越是趋向平等。国际惯例把 0.2 以下视为收入绝对平均，0.2 — 0.3 视为收入比较平均，0.3 — 0.4 视为收入相对合理，0.4 — 0.5 视为收入差距较大，当基尼系数达到 0.5 以上时，则表示收入悬殊。根据中国国家统计局的统计，中国 2017 年基尼系数为 0.467，较 2016 年上涨 0.002 个百分点（2016 年中国的基尼系数是 0.465），较最近触底的 2015 年上涨了 0.005 个百分点（2015 年中国基尼系数为 0.462）。我国是发展中国家，金融体系还不够健全，靠的是抽样调查，而我国的老百姓又不愿意露富，实际可能比这还高。

基尼系数居高不下，社会认知会发生扭曲。现在大家拼命补课，表面是为了考好大学，背后的推手是收入差距太大，由收入造成了职业尊卑，现在没上大学和很多上一般大学的学生，毕业后绝大多数人月工资也就是两三千元，勉强维持生活，但名牌大学毕业生就有机会选择更多的职业，有的名牌大学毕业生的年薪可以是上百万，这样的巨大差异，必然会驱使教育变形，全面素质教育的理念变得苍白无力。为了把握学生未来的命运，家庭不可避免尽全力拼学区房、拼补课、拼作业，升入好大学的功利目标绑架了整个教育。连续多年基尼系数居高不下，对教育而言，负面影响必然集中爆发。

基尼系数居高不下，负面影响还在于摧残合理的用人体系。社会人才理想的走向是选择适合自己的职业，自己喜欢的职业，但过大的收入差距，让每个人对理想的呼唤变得微弱，优秀的大学毕业生大都会去选择收入高的职业，而不是自己喜欢的或者是国家非常需要的工作，甚至为了高薪不惜放弃自己所学专业，国家最急需、最重要的岗位如果薪水不高，可能无人问津。人不能尽其才就是社会资源最大的浪费。

如果国家能强力把基尼系数降下来，大家的收入差距不太大，都养得起车，住得上房，都有清闲的周末和假期，人心自然平和，人们也就无须去拼那几所大学，减轻了压力的教育也就容易回归本真，减少了利益的驱使，人才也自会流向合理的地方，人们在确定职业方向时才能真正源自内心的喜欢和能力适合，才能在行业中做出真正的成就，而社会这部机器才能真正健康地运作起来。

2018 年全球贫富差距排行榜已出炉，瑞典成功当选全球贫富差距最小的国家，而排名前十的国家都来自欧洲。欧洲发达水平国家居多，并且社会保障全、福利高，出现这样的排名也是意料之中。前十名的排名依次是瑞典、比利时、丹麦、挪威、德国、芬兰、奥地利、法国、荷兰、卢森堡，排名第 11 的是日本，也是

唯一一个进入前二十的亚洲国家，美国排名第23位。我们国家和很多发展中国家还没有完全达到市场经济国家标准，无法进行直接数据统计，采取的方法还是敲门入户调查，数据不可靠，不被列入其中。

有一项数据表明，统计人的幸福感并不是与收入高低成正比，大数据显示在我国最幸福的人年收入在15万到30万之间，当收入过低，确实生活质量受收入所限，而在中间这个收入的群体，不仅可以满足基本生活需求，其各种发展需求也都不是问题，自然感觉很幸福，当收入更多，钱就用于投资，投资会有更多烦恼，与生活幸福无关，钱留给子女过多，容易让子女失去自我发展的动力，曾翁家训中有云："儿孙若如我，留钱何用，儿孙不如我，留钱何用。"电视剧《绝望主妇》中的主人公麦克是一个善良且有责任心的水暖工，他的工作一样受人尊重，并享有幸福快乐的生活，这说明，幸福并不取决于收入的高低。

降低了基尼系数，教育就不用再纠结，就可回到本真轨道，人才就会向合理方向流动，社会的创新能力也会更强，社会也会更加幸福与和谐。降低基尼系数，虽然有很多困难，但是我们国家已经在行动，比如企业高管的限薪，文艺界的限制片酬，提高纳税的基数，都是具体的举措。普惠民众，能让每个行业、每种职业都有尊严，我们国家福利如果趋于平均，让大众分享，我们每个人就可以有较为富足的生活，教育的春天也就不远了。

融合教育是人类认知方式本该的回归

融合教育的概念应是与学科教育相对而言，项目式学习、问题式学习等都是融合教育常用的学习方式，STEM 教育、创客教育虽分类标准不同，但从内涵上看都属于融合教育。那么如何理解融合教育呢？

融合是自然界本身的属性。

自然界的任何事物，都不是孤立的，很多事物身上都是物理性质、化学性质、生物特征、数学特征共存。我们单独从某一学科的角度认识事物，一定是片面的，不完整的，人们对事物的理解更是受限人类不同的认知能力。随着认知水平的不断提升，理解也在不断深入，有些当初看似不相干的现象，实际可能遵循了相同的规律。比如，在很早以前，人类发现了磁现象，也发现了电现象，两者看似毫不相关，但后来科学家奥斯特却发现他们有共同的本质。自然界一定还会有很多这样的规律，只是因为我们认知水平的原因，目前还未发现而已。人类社会的发展都是"天下大势，合久必分，分久必合"，

虽然单科教学能让知识的呈现更加专业化，但是从本质上看终将归于融合。

学科交叉点是未来的科技创新点。

基于事物的自然属性，事物本身就是各种属性并存的，因此未来科技创新点都在学科的交叉点上，一个复合型人才，会具有更强的创新能力，比如，牛顿是因为他拥有雄厚的数学功底，万有引力定律才会在他手中定型；中国仅存八年却又被称为最成功的大学——西南联大，在抗战期间，虽时局混乱、条件艰苦，但培养出了174位院士，2位诺贝尔奖获得者，这些时代精英的培育同样得益于各领域学术大家的学科大融合、思想大碰撞。现在的创新发展都要依托团队，道理就在于学科交叉点是未来科技的创新点，未来的世界如果单打独斗，知识单一，都很难有大作为。

融合教育也是学校课程实施的需求。

随着科技的发展与进步，人类社会又有了很多新的认知，甚至发现新的科技领域，这些新的认知需要向青少年传播，需要纳入学校课程。然而，不管从新知识本身的属性，还是从学校课程实施的实际看，学校新增课程都不允许再以单一学科形态出现，课程以大融合的形式呈现是学校教育的大势所趋。比如，培养学生创新思维和操作能力的 STEM 课程就是科学、技术、工程和数学的融合；生涯教育就是与学校德育工作相融合，通过学科渗透与各学科相融合；国家最新强调的新劳动教育在实施时也一定要和研学旅行、生涯教育、社会实践相结合，融合是学校课程设计的必然选择。

其实，现今的高中选课走班，大学的分大类招生，教材中各学科知识的彼此借用，都是迎合人才培养的需求。如英语学习中，经常需要懂体育、地理、物理、化学、生物等学科的知识才能准确回答问题，理化生之间更是彼此涉及，这都是教育的必然选择。融合思想已经无处不在，依托融合思想做教育，是人类智慧的发展，更是人类认知世界本该的回归。

最好的"教育衔接"应是这样的

　　卢梭曾说"最重要的教育原则是不要爱惜时间，要浪费时间"，并为其惊世骇俗之论辩护说："误用光阴比虚掷光阴损失更大，教育错了的儿童比未受教育的儿童离智慧更远。"现今教育，有个比较热的命题，那就是教育衔接问题，"幼小衔接""小初衔接""初中和高中衔接"，还有"高中与大学衔接"，这些衔接的命题一度被各教育层面作为重要的研究方向。那么，我们的努力方向是正确的吗？

　　杜威认为"教育即生长"，言简意赅地道出了教育的本义，教育就是要使每个人的天性和与生俱来的能力得到健康生长，而不是把外面的东西，例如知识，灌输进一个容器。"生长就是目的，在生长之外别无目的"，这句话强烈反对用狭隘的功利尺度衡量教育。周国平老师给了更具体的描述，智育是要发展好奇心和理性思考的能力，而不是灌输知识；德育是要鼓励崇高的精神追求，而不是灌输"规范"；美育是要培育丰富的灵魂，而不是灌输技艺。由此看来，各种衔接和升学，跟谋求职业一样，其本质就是给教育加上了功利目标，因此，这个命题值得商榷。

其实，人生的各个阶段皆有其自身不可取代的价值，没有一个阶段仅仅是另一个阶段的准备。尤其是儿童期，原是身心生长最重要的阶段，也应是人生中最幸福的时光，教育的最大功德是给孩子一个幸福而有意义的童年，为他们幸福而有意义的一生打下良好的基础。教育最好的衔接，就是做对各阶段该做的事情。

北京在教改攻坚期曾提出新的要求：幼儿园要"玩"，小学要"慢"，初中要"宽"，高中要"活"，这是有一定道理的。幼儿园要"玩"。玩是孩子的天性，是自然规律。孩子在玩中能够身心协调成长，除此没有更好的办法。"玩"具有自发性、自主性、虚幻性、体验性、非功利性，在玩中儿童的语言、认知、情绪、性格等方面都能得到发展。在玩中可以建立社会道德行为规范与社会行为技能，这些能力、品质是孩子在玩中培养出来的，不是外界强加的，因此才是人生最可靠的。小学要"慢"。小学阶段是长身体、长知识的时期，是思想品质、行为习惯养成的关键期，这个时期最该做的是把孩子品质立正，习惯养好，认知世界、探索世界的思维品质打牢，只有这样孩子未来才会飞得更高。初中要"宽"。有句俗语"格局决定结局"，人的格局是哪里来的，一定是来自宽广的视野，初中阶段是学生思维最为活跃，精力最为充沛的时期，渴望接受新事物，容易接受新事物，此时应让学生广泛涉猎，增强人生的厚度与未来选择的宽度。有专家讲，现在的高中都没有目标，这是因为在中小学没有培养出个性特长，除了课本知识，没有人生宽度。高中要"活"。高中阶

段虽然还是基础教育阶段，但学生的"三观"已基本形成，习惯也多数定型，教育应更多地关注学生应用自己学到的知识，形成的能力，灵活地解决实际问题，包括遇到的社会问题。有一篇文章题目就很深刻：如果一个学生不懂得社会，学再多知识也没用，这些都是高中时期该做的。

误用时间比不珍惜时间更可怕，我们每个学段的老师对下一学段其实都是一知半解的，与其为了衔接研究下一学段需要什么，不如潜心研究"本学段教育该做什么"。

做好各学段本身的教育，就是教育最好的衔接。

给"校本"现象排排毒

2001 年经国务院同意，我国颁布《基础教育课程改革纲要（试行）》教基 [2001]17 号文件，文件的第 16 条明确提出：为保障和促进课程适应不同地区、学校、学生的要求，实行国家、地方和学校三级课程管理。自此，"校本"成了教育的热词，也成了教育改革的"标配"，但是这些年对"校本"的过度解读和使用也在危害着教育。

当前，"校本"这一热词让有些学校盲目追求课程数量，影响了教育质量。

国家文件要求的是应视当地社会、经济发展的具体情况，结合本校的传统和优势、学生的兴趣和需要，开发或选用适合本校的课程。因此，校本课程一定不是主导课程，而是国家课程和地方课程的补充。但是很多基层学校都把此项要求当作改革的旗帜，改革的核心、重点，在开发校本课程上，"比、学、赶、帮、超"，打着满足每个学生需求的旗号，比拼谁开的课程多，甚至制定制度，要求教师除了开设一节专业课外，还要能开一门校本课，对外宣传学校有少则几十门校本课，多则有几百门。课程本是学校中最严肃的事，低质量的

校木课程，对学生而言不仅是浪费时间，还可能影响学生的发展。针对这种盲目开发校本课程的现象，学校在未来工作中应该关注的不是开发了多少门校本课，而是合格的有多少，要挤出校本课程的水分，让校本课程真正为学生发展服务。今天，国家大力倡导为教师减负，把不合格的校本课停下来，就是教师减负的一个重要方向。

校本这一热词"绑架"了办学思路，让本该是教育补充的特色成了办学的重点。

党的教育方针是坚持教育为社会主义现代化建设服务，为人民服务，把立德树人作为教育的根本任务，全面实施素质教育，培养德智体美全面发展的社会主义建设者和接班人，努力办好人民满意的教育。结合本校实际添加、融合课程的想法和做法应该是国家大政方针的补充，但是在"校本"一词的影响下，个别基层领导者的办学着力点发生了偏离，把追求"特色"当作首要任务。这种做法的问题在于，一是普通教育下各个学校培养出来的学生并没有太大的差别，共性问题才是教育的主攻方向，把主要精力放在打造特色上，这是方向的迷失。二是研究各个学校的办学特色，名称不同，内容却大同小异，一个"个性化教育"，就有上百种新表述，并没有什么创新之举，这实际是把教育问题复杂化。更直接的道理是，孩子作为独特的个体来到学校，如果按学校特色培养学生，实际就是对人本思想的否定。以人为本的办学思想，不是让学生适应学校，而是学校适应学生的发展。如果一个校长带领全校老师，认真研究手中这台"机器"，琢磨把孩子怎么"修理"成学校希望的样子，而不是着力研究孩子需要什么，是多么可怕的一件事情！

"校本"这一热词衍生出了"国家课程校本化"，让教学"跑偏"。

办学思路如此，学科教学更是如此，在实际的教学中，所有学校面对国家课程，共性远远大于各个学校之间存在的一点个性差异，由此可以得出，国家课程在实施中研究的重点本该是共性问题，工作上所有教育人共同创新，但由于对"校本"这一热词的误解，差异部分反倒成了热点，这一思维，让本应该共同分享的基础教育实施成果，硬是套上割裂开来的外衣。在一线教学的教师都知道，校际之间的主要差异是学生的不同，而同类学校的学生都有很大的共性，因此把这一环节叫作"标准化、生本化"，对教学更有指导意义。

如果硬是以"校本"来强调学校间的差异，从学校办学传统、环境、资源挖出独特的实施方法和路径，即"国家课程校本化"，就会封闭看教育的视野，让校长、教师只重视校园和自身，强行做无米之炊，更可怕的是让本该真实的教育，为了对外宣传"校本"特色，顿生作假之心。

当然，"校本"一词有其必要性，教师专业成长中的"校本培训、校本研修，校本课题"都很响亮，容易理解，"校本课程"一词也很好，但关键是怎么做，理解到什么程度，还需教育者谨慎为之，就如赛马的成绩，最终的结果不只是看马，还要靠骑手。

GRACE 教育

GRACE 教育的提出主要针对当前教育中的非本质化现象，立足于影响人的终身发展的关键要素——人格培养，从指向人成长的意志、态度、情绪、理智的性格四个核心特征切入，选择坚毅grit、担当 responsibility、自信 assuredness、好奇心 curiosity、进取心

enterprise 这五个关键要素，进行 GRACE 教育内涵与外延的理论研究和实践操作范式建构。

GRACE 教育的提出源于国内外的教育借鉴与思考。

各发达国家都非常重视人格教育。瑞士心理学家和分析心理学创始人荣格认为，性格决定命运。美国学者保罗·图赫在《性格的力量》一书中，通过走访大量的心理学家、教育学家、社会经济学家及跟踪成功儿童的调查，运用大量的心理实验研究成果，诠释出儿童教育的最新理论，指出坚韧、自制、好奇、责任心、勇敢和自信等非认知技能是成功的关键。

美国近年一直提倡坚毅（grit）教育，强调对长期目标的持续激情及持久耐力，坚毅是包含专注力、自我激励、自我约束和自我调整的性格特征。美国心理学家安杰拉·达克沃思在《坚毅：激情和坚持不懈的力量》一书中指出，比起智商、学习成绩、体能或者长相，坚毅是最为可靠的预示成功的指标。

日本从 20 世纪 70 年代开始提倡宽松教育，强调要让学生基于兴趣爱好进行主动学习，宽松教育在培养学生的生存能力、思考能力和创新能力方面进行了全面的探索，十多年的改革得出，忽视性格方面的教育导致学生忍耐力、自觉性低下。日本再生会议主席野依良治认为，学生培养坚韧不拔的性格才是最重要的，日本在新一轮教育改革中将性格教育列为重要目标。

经济合作与发展组织（OECD）在 2017 年发布报告《社会与情

感技能：幸福、关联与成功》，提出了对社会与情感技能进行全球评估的框架。根据对九个成员国比利时、加拿大、韩国、新西兰、挪威、瑞典、瑞士、英国、美国长期研究分析得出，坚持不懈的毅力、自信、自尊、责任感、勇气、领导力等社会与情感技能，对于儿童成长过程中减少不良行为、提升幸福感具有不可替代的作用。评估框架借鉴美国"大五人格模型"，建构了社会与情感技能的测评操作框架。

纵观发达国家的教育可见，学生人格的培养是教育的核心目标之一，同时也是教育评估的重要内容。

我国在新课改后也越发重视学生的品格教育。2014 年教育部研制印发《关于全面深化课程改革落实立德树人根本任务的意见》，提出"教育部将组织研究提出各学段学生发展核心素养体系，明确学生应具备的适应终身发展和社会发展需要的必备品格和关键能力"。

2016 年我国发布学生发展核心素养，以培养"全面发展的人"

为核心，分为文化基础、自主发展、社会参与三个方面，综合表现为人文底蕴、科学精神、学会学习、健康生活、责任担当、实践创新等六大素养，具体细化为国家认同等18个基本要点。在不同的要点中明确提出要对学生进行人格培养。

勇于探究要点中指出：学生要具有好奇心和想象力；能不畏困难，有坚持不懈的探索精神；能大胆尝试，积极寻求有效的问题解决方法。乐学善学、劳动意识、问题解决、技术运用等不同的要点中都强调：学生要有积极主动的学习态度和浓厚的学习兴趣。健全人格要点中强调：学生要具有积极的心理品质，自信自爱，坚韧乐观；有自制力，能调节和管理自己的情绪，具有抗挫折能力等。社会责任要点中强调：学生要自尊自律，热心公益事业，主动作为，履职尽责。国家认同要点中强调：学生要自觉捍卫国家主权、尊严和利益，具有文化自信。

从学生发展的必备品格看，人格培养是教育的基础目标。人格也可称为性格或个性，是人对现实的态度和相应的行为方式中比较稳定的、具有核心意义的个性心理特征，在儿童早期形成，随着儿童的成长逐渐稳定，是培养孩子必备的良好品格的基础，更是未来人生成功的奠基。我国自20世纪末独生子女作为受教育主体开始，学生在学校乃至他们成年后因意志力、担当、包容、抗挫折等方面表现出来的问题越来越普遍，这些来自非智力因素的问题最终都可以追溯到学生的人格发展的不健全。"立德树人"这一教育的根本任务表面是立"三观"，即世界观、人生观、价值观，是对真善美

的认识，而深度的"树人"树的就是人格，是否自信、坚毅、有担当等等，因此，GRACE教育就是落实"立德树人"根本任务的教育，通过对学生性格的培养，实现教育最终目标。

GRACE教育把教育实践活动指向孩子的五大性格，即"坚毅（grit）、担当（responsibility）、自信（assuredness）、好奇心（curiosity）、进取心（enterprise）"，因此GRACE教育既是孩子当下全面发展、个性培养的内驱力，也是一生成长发展的动力源和压舱石，能够培养孩子优秀性格的教育，就是对孩子终身负责的教育，就是更接近"本真"的教育。

《中国大百科全书心理学》中记载，人格包含了个体的价值观念、道德情感、行为准则、毅力意志、智能气质和协调相融等诸多因素，是个体内部心身系统的动力组织，决定着人的思维和行动，是个人品质的重要组成部分。性格是指表现在人对现实的态度和相应的行为方式中的比较稳定的、具有核心意义的个性心理特征，也是与社会相关最密切的人格特征。

GRACE教育的"GRACE"是人的五种关键性格第一字母的拼写，即坚毅grit、担当responsibility、自信assuredness、好奇心curiosity、进取心enterprise，这五个关键词分别指向人成长的意志、态度、情绪、理智四个核心特征。

坚毅指坚定而又有毅力。表现为行为的自觉，可延展为果断、勇敢、坚韧不拔、自制力强。

担当指承担；担负任务、责任等。表现为对人对事的态度：对自己——正直、谦虚、勤劳、节俭；对社会——关心社会问题、热心公益；对集体——热爱集体、愿意担负责任；对工作——认真、负责；对他人——热情、诚恳、乐于助人。

自信指相信自己。表现为情绪控制：包括积极、乐观、克制、沉稳。

好奇心指遇到新奇事物或处在新的外界条件下所产生的注意、操作、提问的心理倾向。表现为对事物的认知：兴趣、想象力、主动、独立思考。

进取心是指坚持不懈地追求新目标的心理状态。表现为对自己未来的规划：有理想、有目标、有行动计划。

这五种性格的教育组合在一起就是 GRACE 教育，也可以称为 GRACE 人格教育。

智能教育要学会放手

2017 年 7 月，国家发布《新一代人工智能发展规划》，其中明

确提出：实施全民智能教育项目，在中小学设置人工智能相关课程，逐步推广编程教育，鼓励社会力量参与寓教于乐的编程教学软件、游戏的开发和推广。支持开展人工智能竞赛，鼓励进行形式多样的人工智能科普创作。

人工智能教育是培养学生科学素养很有价值的新兴课程，也是未来社会的科技走向。基础教育充分重视智能教育，是社会发展的需求，也是我国能否占据科技制高点的关键。现在国家在倡导人工智能教育，一些先进地区也在进行探索。但是要真正做未来的教育，做有责任的教育，智能教育就不能仅仅保持在倡导和局部探索层面，而是要在实践中广泛地、扎实地推进。

改革不缺思想，也不缺大胆的尝试者，但教育的实验本质是不可重来，更不能胡来的。对改革漠视，是教育的不作为，是对希望的扼杀，而好大喜功则会对教育造成更大的伤害。唯有把"以人为本"作"压舱石"，把实事求是作"方向标"，做说和做一致的真教育，才能让智能教育在基础教育阶段得到落实。

智能教育的课程要放开。一是放开固守的思想，借鉴成型的课程。模仿是最稳妥的创新，中小学智能教育的核心目的，是培养学生对科技的兴趣，建构学生科学素养，而不是以发明创造、获取专利为主要目标。因此，在课程内容、课程设计上不要一味自己开发，要提倡模仿、借鉴，这些是推进智能教育最为有效的、简单的途径。二是放开课程开发的权限，鼓励学生自己创建基于实际问题的课程。

围绕生活实际进行的创意编程，能让生活中的实际问题、学习中的实际问题、感兴趣的实际问题，更具科学性，也更具科学研究的价值。

智能教育的教师队伍要放开。未来的教育一定会呈现很多和现在不一样的特点，未来的校园是"打开"的，"打开"的核心内容包括教师队伍。随着社会和科技的发展，新的教育内容一定会不断地进入校园。自己培养教师或等待高校分配教师，都是落后的理念，无法满足教育发展的需求。学校没必要科科都自己培养教师队伍，高校专业培养也适应不了社会的变化。因此，未来一定会有大批社会优秀人才到学校兼职，智能教育教师队伍建设，就该走这条开放之路。

智能教育的对象要放开。有的学校在人工智能实践中受大班额所困，其实质不是大班额的原因，是学校教育理念的问题，是思想

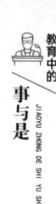
受固定班级授课制的束缚的问题。智能教育，不要背负全体学生走，要放开让学生自己选择，让真正有兴趣的一部分学生先做起来，再带动其他学生。想让全校学生都喜欢上人工智能是违背教育规律的，也是违背个性化教育的选择的，对人工智能不感兴趣的学生没必要一定让他学习人工智能。

当然了，人工智能教育还有很多实际问题。比如，目前市场上的人工智能器材种类繁多，令人眼花缭乱；编程需要平板电脑或安卓手机的支持；等等，这都是创新必然面临的问题，研究突破这些瓶颈也正是新课程的魅力之一，我们不应为此担忧，而应明白这是教育的欣喜。

小心创新被"实践"绑架

为了培育具有创新能力的人才，我们国家第八轮课程改革把研究性学习作为一种课程形式，明确纳入国家课程计划，更具有普遍性的操作是把探究式学习方式融合到每个学科教学中。近些年来，人们习惯把 AR、VR、NR 技术在基础教育中的应用、STEM 课程以及和实验、实践密切相关的课程作为创新人才培养的标志，那么，这些课程是创新人才培养的标配吗？

我们常说实践出真知，这句话毫无疑问是真理，实验、实践也是学习很好的方式。美国缅因州的国家实验室研究发现，采取不同的学习方式，学习者两周后还能记住的内容（平均保持率）有巨大的差异，听讲 5%，阅读 10%，试听 20%，演示 30%，讨论 50%，实践 75%，向他人教授是保持率最高的一种，两周后高达 90%。但从认知心理学来看，实践并不是唯一的好办法。从大脑的认知机理上讲，一个新的认知（比如学生新学的一个知识点）需要和大脑中已经有的其他认知相"连接"才能记得牢。和越多的已有认知相连接，记忆越牢固。实践的作用是让一个知识点和学生的生活经验相连接，由于实践中涉及知识点以外大量的其他认知（人际沟通、手眼脑配合、语言理解等等），所以实践是增强学生记忆的非常有效的方式。但是对于已经建立大量抽象认知的成年人（或者高年级学生），实践可能就不是唯一建立认知连接的有效途径。阅读、欣赏艺术品、讨论，甚至自己推导一遍数学公式都能在大脑中产生丰富的连接。由此可见，在低年级孩子大脑"内存"比较少的情况下，实践是学习的很有效的方式，如果到了高年级，学生大脑"内存"已逐渐丰富，那么分析、综合、评价以及创造这样的过程往往更有效果。

哈佛大学创新实验室的负责人（哈佛大学创新实验室是一个旨

在促进哈佛学生创业和创新的合作和教育中心）托尼·瓦格纳曾说过，什么是创新者？创新者并不只存在于技术行业，尽管这两者有着极强的关联。他指出，创新者有两类：

一是创造新的可能的远见者，如爱因斯坦、史蒂夫·乔布斯，这些人非常罕见，他们拥有的才能可能更多是天赋的而非后天培养的。二是创新的问题解决者，他们跟第一类中的远见者一样重要。这些创新者帮助解决各个领域的问题，包括如何解决地球可持续发展问题、健康问题、教育问题、能源问题等等。

中小学阶段在人生的长河中，还归位于启蒙阶段，实践、实验是很好的育人方式，但培养创新人才更应关注学生发展高阶思维。在人类社会的发展过程中，真正有影响的创新，大多是建立在理论模型的基础上，而不是以实验为基础，比如，人造卫星就是在炮弹模型基础上，在卫星发射二百多年前被预见。海王星的发现也是科学家借助于新的数学和科学知识精确预测的结果。海王星的发现被人们称颂为 19 世纪重大的科学胜利。伽利略、牛顿、拉普拉斯等人开创了一条新的认识自然的道路。现在，建立在理论模型上的创新，已经主导着自然科学、社会学、心理学、经济学等多个领域。

全面素质教育，最重要的就是人生的必备品质和关键能力，而思维能力应该是所有能力的核心。在教育中，虽然实验、实践很重要，但是在实验、实践等教育活动中培养出来的思维能力才是创新人才的核心能力，因此，不要认为只有实验、实践了才能培养创新人才，不要让创新被实验、实践绑架，让人们忽视培养创新人才的更高的要求在哪里。

拦教育改革之路的"真老虎"

为了推进教育事业的发展，新中国成立以来，我国基础教育已

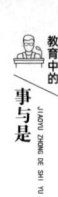

经进行了八次课程改革，今天，我国已经成为世界第二大经济体，可以说，基础教育居功至伟，它为国家的经济建设培养了大批优秀的劳动者，但是教育事业的发展离人们对美好教育的期望还是有很大的差距的，我们教育改革倡导了三十多年的素质教育依然举步维艰，在某些地方，"看、讲、练"办学模式还是大行其道，把学校办成"人才"的加工厂；课业负担越来越重，补课越来越疯狂，把学生变成了"解题机器"。

直接原因有很多，有人说高考的压力，有人说就业的压力，有人说是课业负担重，还有人说老师讲得快，或者课上不讲课后讲，看似都有道理，但追根溯源，我们就会发现，所有的现象，最终都指向了社会几千年来形成的"万般皆下品，唯有读书高"，也就是"学而优则仕"这种根深蒂固的思想，更直接的是人们对职业尊卑、三六九等的偏见，这就是挡在教育改革路上的"真老虎"。

这个观念不改变，即便人人上大学，人们还是会争大学的好坏，人人有工作，人们还是会争不同的职业，就算只学一科"数学"，也会有人找人补课，让自家孩子和别的孩子比占得先机，假如老师在课堂上就讲"1+2"，也会有家长带着孩子反复训练，确保自己的孩子不出错。

2018年1月16日教育部又基于学生核心素养的培养发布了《普通高中课程方案和语文等学科课程标准（2017年版）》，国家还出台了两依据一参考、三加三、六选三等高考改革方案，让我们看到了教育改革又充满希望的起步，但人们的这些观念不改变，再好的方案也会被迫走形，改革希望为学生提供适合的课程，但社会回应的可能是分数优先，分数最大化的分科走班，个性需求退于次位；改革希望基于核心素养教育，但实际上，学校无奈屈服于"老虎拦路"，三年课程，一年半讲完，半数的教育时间来做"讲、练、考"；国家提出综合素质评价，激励学生全面成长，最后还可能会演变成学生根据高考需要呈现出"纸面编程"式全面成长。加班加点照旧，反复练题还是硬道理，疯狂补课激情不改。

俗话说，"树根不动，树梢白摇"，教育改革也如此。当然，让几千年的封建理念转变，绝不是一朝一夕的事，更不是教育自身可为之事。但事情不是不可为，20世纪某个年代，志愿军就是最可爱的人，解放军就是青年人心中的偶像，工人就是各行各业的老大哥，公交司机、挡车工人都是青年人的楷模，重提过去，不是再让每个人都去重拾过去的信念，是让我们拨开历史的"迷雾"，明白每个职业都可以，也应该得到尊重。

我们教育的大树需要植根于平等、互敬的社会土壤中，如果社会能让环卫工人骄傲地为城市美容，工人自足地拧好每个螺丝，教师快乐自豪地育桃李，医生踏实地救死扶伤，科学家自由地畅游未来的世界，每个人各得其所，教育就不用再焦虑，教育改革的新枝就会条条枝繁叶茂。我们呼吁职业的平等，对人的尊重，不是让大家走向"读书无用"，而是期望我们的学生，如果是条鱼就让他在

水中畅游，是马就在草原上奔跑，是猴子就在林间翻腾，是雄鹰就在天空翱翔，是蜗牛就在路上慢慢前行。

观念的转变，不仅是教育改革所急需的，更是社会发展必备的，现在很多职业在人们的眼中是不可接受的，一些青年人宁可在家啃老，也不降低标准出去工作，社会上很多青年人在待业，但很多工厂工地都在闹人荒。这种扭曲的现实，都是源自这一封建观念，观念不改，教育改革寸步难行，观念不改，社会矛盾难以治本。追求和谐的社会和美好的教育，需要改革，但改革在关注调结构、改方法、定政策的同时，更要着眼观念的改变。

教育更需有做"减法"的智慧

老子在《道德经》中说："万物之始，大道至简，衍化至繁。"意思是说大道理（指基本原理、方法和规律）是极其简单的，把复杂冗繁的表象层层剥离之后就是事物最本质的大道理。教育是个复杂冗繁的工程，要想做好教育，就要层层剥离表象，抓住教育最本质的东西。

虽然人们已经不再说现在处在知识爆炸的时代，但很多专家已经预见，每隔五年到十年知识会成倍增长。我们中小学时期处在基础教育阶段，基础知识并没感受到那么大的冲击，但是新的知识持续进入校园，是未来教育绝对回避不了的事情。现在我们国家还有二十多门新的课程要进入中小学，想要破解这个问题，校长就必须有做减法的智慧。

有一个事实不能回避，那就是校外对学校的压力。与教育有关的部门都在努力作为，而这千条线终点都在学校，你方唱罢我登台，每项任务看似都有道理，当所有部门的道理都指向校长时，校长的任务就是从中悟出学校落实的"道理"，而这个道理核心的智慧，就是如何做减法。

教学改革更是如此。前几年，有几所学校改革风起云涌，各地的人蜂拥而至，而今大都归于沉寂。但却有另外两所自行其道的学校，悄然中让很多学校效仿。追其缘由，是因为他们的考学效果好，更因为经验简单，把办学简单到"看、讲、练"，笔者不认同这样办教育，但又不得不认同这两所学校校长的智慧，看清社会的现实需求，抓住高考还是一张试卷的升学规则，在繁杂的社会浪潮中理出办学宗旨，简单、自然、有效，而且形成了文化，每个学生都心甘情愿接受"看、讲、练"之苦。如果我们取其智慧，应用到现在教育改革中，很多头疼的事也会迎刃而解。比如综合素质评价，就从满足

高考需求来说，让孩子把有意义有价值的真事记录下来，一学期就记一件事，六个学期六件真事放在一起，足可满足高校观察、选择学生所需，何须各地统一信息系统，什么都做记录，又不知谁记录好，更不知真假。再如，学生生涯发展指导，只要让学生能够自我认知，把励志、体验真正做起来，又何须冗长的报告，人人填小册子。真正的目标，学生大都不愿意写在册子上，而是内化于心，深融于魂。有成就的前辈大师，有谁是把小册子作为生涯规划的标志呢！

很多有情怀的校长都希望在学校推动一个理念，值得注意的是，作为学校的领导者，不要陶醉在自己的理论体系中，而是应该把精力更多放在"备老师"上，关注老师会怎么想，怎么做，如何能做好。其实，再好的理念，如果是给原有的教育增负，很多老师就会消极抵制，理念大都落空，真正能够得到落实的，都还是减量增效，做减法的改革。

改革需做减法，科学的教育管理也必须如此，一个有二十条的课堂评价表和一个只有五条的课堂评价表，哪一个真正可用，哪一个效果更好，学校参与管理的领导和老师都非常清楚。其他也是如此，在学校能够真正得到落实的都是做过"减法"的方案。大数据统计如此，很多不是理论可以预知的。

大教育也是如此，国家为了推进素质教育，发展学生核心素养，新一轮课程和高考改革同步运行。国家愿望是美好的，但我们的课程专家拿出的方案大都是增加了什么内容，加重对什么的要求，很少看到减少了什么，一个只做"加法"，不做"减法"的改革方案，很难真正得到落实。

哲学思想也告诉我们，学生学习的"量"不下来，"质"永远不会上去，这是规律。全国喊了这么多年的教育减负，为什么效果不明显，值得我们思考。课程内容作为源头，不做减法，所有减负的愿望都是空谈。

社会发展为我们教育做"加法"，这是发展必然，我们无法抗拒；专家做"加法"，让我们对教育的认识全面而深刻，是教育需要，我们也要接受；但是教育实践一直加下去，出现的一定是教育的灾难。因此，校长去做"减法"就应是教育自然的需求，更是学校教育需要的大智慧。

很多教育矛盾的根源都在这

近些年来，我国的教育事业得到了飞速发展，但我们的教育也出现了前所未有的尖锐矛盾。

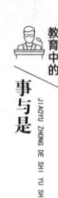

围绕着补课，从社会到教育行政部门，再到家长都深信有之，并对这个现象口诛笔伐。但一线教师发出的声音是：除非作死，老师绝不会课上不讲课下讲。

围绕孩子成长，老师认真管有家长告，老师不管也有家长告，学生多数都碰不得，有时候老师家长批评几句，就可能离家出走，甚至走向极端。

围绕课程，从学生需求出发开设，需要经常走出校园，学校因此就要承担安全风险，这是哪个校长都不愿碰触的红线，但是仅从安全出发，有些必要的课程就不能正常开设，很多学校甚至体育课都不敢让学生过累，鞍马、跨栏根本不敢让学生跳，郊游基本取消，老师在社会实践课上变成了跟研，甚至代替孩子去实践。

这些矛盾的存在，让社会、学校、家长、学生在矛盾面前互相批评，公说公有理，婆说婆有理，如果我们找不到这些矛盾的根本原因，那么本该同心同德的命运共同体，在教育上就可能出现更大的撕裂，教育前行会更加艰难。

这些矛盾的根源到底在哪里呢？

有人认为是政府不够作为。其实，我们教育部一直在三令五申不允许公办教师有偿补课，基层行政部门更是"十个严禁""八个不准"，安排相关部门严查严管。现在对校外补课机构，教育以外的部门都在开始介入规范管理，可谓尽心尽力。

有人认为是社会事业还不够充分。其实，教育事业再发达，不平衡也会存在，也有补课的理由；而且教师不敢管孩子，孩子心理脆弱根本就不是社会事业发展的事。

有人认为是教师师德滑坡。其实，教师对孩子的爱不会变，教师会变的只能是学历更高，职业操守要求更严格，相应的教育行政监管也更到位。

有人认为是家长要求过高。家里就一个孩子，寄托父母全部希望，怎会不娇惯，面对未来社会竞争父母怎会不焦虑。

客观分析，社会、教师、家长都不应是问题的根源，那么真正的根源就只有学生自身。形象一点讲，有人称"独生子女"是地球生物的"变种"，地球上所有生物没有一个物种是六个成年个体，全身心面对一个成长的幼体。他们是被过分溺爱、过分期望，是被"事事作为第一核心地位"养起来的一代。这样的一代，不管在哪个国家，哪个民族，在接受教育的过程都一定会出现系列问题。

以孩子补课为例，我们中华民族一直重视教育，但在独生子女政策之前，很少听说有人补课。有人说那时人没有钱，但那时如果找老师指导，甚至都可以不给钱，因此不会是钱的问题。大家可以设想一下，现在如果每个家庭都有四五个孩子，一个爷爷奶奶就会有二十几个孙子，那么，还会出现今天这种全家总动员、有钱出钱有力出力、全力以赴陪孩子补课的现象吗？面对家里的独苗，每个家长都想在孩子成长中占得先机，结果导致了"剧场效应"，让补课成为疯狂的行为，谁也刹不住车。

再想老师为什么不敢管孩子。六个大人像呵护"眼球"一样呵护着孩子，这份舐犊之情是天性，而这份天性只有一个出口，谁碰一下孩子就心疼，让爷爷奶奶、爸爸妈妈放弃过度关爱，几乎不可能。过去家里有好几个孩子，如果在学校犯了错误，被老师批评，以致责罚，孩子回家都不敢和父母说，因为如果父母知道不仅会说"管得好"，一定还会批评孩子不听话。那时，老师不敢管的情况也有，那种基本就是家中几代独苗。试想，现在如果每个家庭都有几个孩子，我们教的就是普通的孩子，而不是家中的"小皇帝"了，那样，老师在管理上还会畏手畏尾吗？

大家都觉得现在的孩子脆弱。不经历风雨怎么现彩虹？独生子女是爷爷奶奶、爸爸妈妈的心中至宝，大都放在手心怕化了，顶在头上怕吓着了。这样百般呵护长大的孩子，怎会不脆弱？

一次在公园健身，一个两三岁的孩子玩转盘，被磕了一下，倒地大哭，母亲马上过来，打器具为孩子出气，看到有"人"为他承担过错，孩子就不哭了，转身理直气壮地对我说："你下去。"把我从仰卧起坐的器具上赶了下来，理所当然将器具"占为己有"！这样的孩子，认为公园都是他家的，面对和自己想象完全不同的世界，怎会不脆弱？

在教育过程中，别说再让孩子上山、爬树、玩泥巴，就是有一点危险的教学器具，如跨栏、跳马什么的，学校都得紧紧锁在库里。过去孩子多的时候，摔倒了，破皮了，起来拍拍土接着跑，现在可能就是一件很严重的事了，这事也怪不得谁，因为是独生子女！

找到了这根源，我们也就知道了，为什么我们整个社会都在努力解决问题，而问题仍旧难以解决。预计如果每个家庭都有几个孩子，很多矛盾马上就会消失。但预想不能代替现实，对人口没有任何约束，也回不到多子女时代，甚至会出现更多其他问题。

找到这个根源的目的，是希望社会、教师、家长、学生这个命运共同体中的几个组成部分，不要互相指责，彼此包容，多换位思考问题，携手并肩，不一定能让教育达到最好，但一定可以让教育更好。

"木桶"教育的谬论

木桶理论说的是一个桶能装多少水，取决于最短的那一块板。这个理论虽然是工业化时代的产物，但这些年在教育领域也非常流行，很多人借助这一理论来论事，甚至作为选拔校长的考试命题，指导育人的准绳。

那么这个理论适合教育吗?

哈佛大学创新实验室的托尼·瓦格纳 20 世纪 90 年代也有一部力作《创新者的培养》，其核心观点是人的创新能力与生俱来，也就是孩子生来不是一张白纸，是带有各种基因的，按照心理学的理念，每个孩子都是独特而唯一的自己。这些研究成果不是唯心论，而是基于基因这个物质的唯物论。哈佛大学的霍华德·加德纳提出了多元智能理论，他认为我们都能够通过语言、逻辑—数学分析、空间表现、音乐思维，以及使用身体来解决问题或处理事物。每个人都有自己的特长，也一定有自己的不足，要学会让每个人都能利用自己的优势来解决问题，专注发挥自己的优势去发展，才是有高情智

能成事的人。

基于这样的认知,我们应该鼓励教师做"扬长"的教育,而不是"补短"的教育,这里的"扬长和补短",不能狭隘地理解成学科分数,而应是学生的性格优势、身心优势和特征特长。这个优势可能不是今天的学习,但成长过程中的任何一个优势,都可能转化成学生好奇心、自信等学习必备的品质,这个优势如果和未来的事业相结合,孩子的一生一定是幸福的,形成的品质,更会积淀为孩子成长的底蕴。

现代教育不能再演绎"邯郸学步、东施效颦"的历史故事。这个认知对于学生来讲,要坚信"天生我材必有用"。我们试想,如果在成长过程中,父母能够真正发现并指出自己孩子的长处,而不是时时刻刻唠叨别人家的孩子哪里好;老师能够慧眼识人,告诉孩子将来能干好什么,而不是眼中只有科目分数的对比,可能我们每个孩子都会发展得更好。

中国有一句俗语叫"一招鲜吃遍天",我们每个个体都没有能力样样通,也没必要样样行。台球运动员丁俊晖就是台球打得好,而韩寒则是文学作品写得好,他们都是短板极其突出的人,但短板并没有影响他们成功;乔布斯、周星驰、马云也都是有明显缺点的人。但这些都不妨碍他们成为成功的名人。历史上也不乏这样的例子:丘吉尔、罗斯福与林肯,都是抑郁症患者,林肯的抑郁症甚至严重到在婚礼上临时发作,落跑而无法正常结婚。但即使是抑郁症发病的间隙,也足够让林肯发起南北战争、丘吉尔与罗斯福打赢二战。

　　未来的世界需要的是团队，团队最完美的拼图，不是大家都是一样"长宽"的木板，而是每个人有长板也要有短板，只有这样的咬合才会拼出最美的图案。人类社会的发展，你知道了多少知识对未来世界并不重要，重要的是"长板"是否突出，是否能够改变这个世界。

"正态曲线"看教育

　　数学是自然科学的一门主要学科，是自然科学的王冠。英国著名哲学家罗素说：数学，不但拥有真理，而且有至高的美。数学中的"正态曲线"不仅拥有绝世之美，更蕴含着普世真理，自然界中数字化的万物皆以正态曲线分布为自然生态，正态分布在应用时，也可称之为"纺锤形分布"，从物质到事物皆遵循此道。微观世界中所谓的粒子轨道其实并不存在，其只不过是粒子正态分布出现概率高的位置而已；地球上人口如果按年龄处在正态分布时，人类可分享人口红利，社会亦最有活力，放在历史长河来看，人类总是在正态、偏离往复中运行；合理的工资分配也该是正态分布，年富力强者的工资应该相对高些，但是前些年我们国家工资状态却是倒三角分布，即将退休和退休人员工资偏高，这不太科学，现在国家将采取社会统筹保险，看似国家意志，其实质是人对自然规律的尊重。

如果我们教育人用这样的思维认识这个世界，教育改革也会少走很多弯路。"正态曲线"哲学思想告诉我们，一个城市的学校合理生态布局应该是高端和薄弱学校占少数，大多数优质学校构成正态曲线的峰值，但在 20 世纪末 21 世纪初，教育在市场化规模化发展的政策驱动下，60% 至 70% 的学生集中在几所师资与硬件均是高端配置的学校，教育格局呈倒三角分布，教育生态被严重破坏，呈现的教育局面是学校间无序竞争，学校抢完师资，抢生源，幼儿园已经把招生工作做到了产房，一所优质小学一个班级可挤进 100 多个学生，一个 6000 多人的优质高中，实验室被班级挤占，就剩下一个物理实验室，这样的"优质"学校，还何谈"优质"，何谈素质教育，好一点儿的称呼也就是"人才加工厂"。这样还会使竞争力不强的学校教育设施荒废，教师资源闲置，造成国家教育资源的巨大浪费。十八届三中全会，我们党和国家看到了这些问题的严重性，明确提出了"义务教育均衡发展"新政策。这几年，教育生态已经慢慢得到了一定恢复，但过于均衡也一样破坏教育生态，我们也要提防，国际上更多倡导的是教育公平，和教育均衡有很多不同的地方。

这一自然法则，对我们现在很多教育问题都有预见性和指导性，

不成完美的曲线客观存在于教育各个领域,但我们知道目标在哪里。比如学校的班子队伍、教师队伍,最有活力的就是按年龄正态分布的队伍,我们可以发现名牌老校,几年都没有进新教师,教师大都在 40 岁以上,新办的学校,大都是新毕业几年的学生,这些学校的发展都不可避免地遇到很多困难;用这一规律可以直接判断试卷的质量,从学生成绩统计看人数不是正态分布时就不是一份好试卷;按这一法则就可预知孩子未来,多元智能呈正态分布的孩子发展潜质巨大,因为他具有适应社会的全面性,更具有成功需要的鲜明个性;按这一法则也可判断一节课的优劣,优质课堂情绪状态、思维活动、学生活动、任务难度的分布无不遵循此规律。以铜为镜,可以正衣冠；以史为镜，可以知兴替；以人为镜，可以明得失。以数学为镜，可以生智慧。

百姓对教育追问的深处

　　有人批评我们教育的优质资源不能满足自家孩子择校的需求。但你是否知道，国家已经把满足人们对美好教育的期望，作为教育的努力目标。你还应看到，一个拥有十四亿人口的发展中国家，孩子只要想读书，就一定有学上！有人因为学区房贵、进名校难而心生怨气时，国家已经通过大学区、骨干教师流动等措施，在努力打造教育均衡。你还应看到农民工子女和一些城里孩子享受的是一样的教育，大山深处，遥远边陲只要有一个孩子在读书，我们就有像80后刘涛老师这样的教育工作者在"麻雀小学"坚守！

　　有人批评我们的教育培养不出创新人才。但你是否看到，我们的民族在传承中不断向外学习，在学习中不断创新。2016年《世界知识产权指标》报告显示，2015年中国提交的专利居全球第一，在

单一年度内提交了超过 100 万件申请。中国专利申请量占全球总量近 40%，超过美国与日本之和，这已是中国连续第五年蝉联全球专利申请量之首。我们国家现在拥有最大单口径、最灵敏的射电望远镜"中国天眼"，21 世纪 20 年代中国可能将是唯一拥有在天运行的空间站"天宫二号"的国家，还有中国的"北斗""量子通讯""大飞机""火箭""航母""中国芯片"……

有人批评高考凭一张试卷决定孩子升学不公平。但你是否知道，国家已经出台自主招生、高考录取"两依据一参考"的改革方案以及外语一年两考的改革尝试。你是否还想到，我们国家目前还处在社会主义发展的初级阶段，我们仍然是发展中的人口大国，社会事业发展还不够充分，还无法很好解决 70% 不能升入大学的青年就业，在这个大背景下，千军万马过独木桥，也是客观的、无奈的选择。我们国家走过了几千年的人治社会，目前法治也在健全过程中，如果情绪化地批评高考一张试卷决定升学不公平，那么离开目前的高考制度升学，一定会出现更大的不公平。

有人批评我们的教育理念还不够先进。你是否知道，我们的教育，在七十多年的时间内，就进行了八次课程改革，现在正在起步"聚焦核心素养"的第九次课程改革，也是力度最大、改革最深入的一次。你还应看到，世界所有的新理念在我国都有实践者。马克思主义在中国成功，是因为马克思主义和中国具体实际相结合，产生了毛泽东思想、邓小平理论、"三个代表"重要思想、科学发展观和习近平新时代中国特色社会主义思想。我们办的教育也不会照搬西方，我们走的也一定是中国特色教育发展之路。

有人批评我们的教师在课堂教学时还不能完全放手。那你是否看到自主学习、研究性学习、翻转课堂都在做本土化实践。你更应看到的是，在世界范围内，我们的教师是为数不多的，面对一屋子挤在一起的学生，还能把教学任务完成的教育人。西方发达国家，班额都在十几人到二十几人，而我们，由于社会事业发展得不充分，还没条件办那么多学校，国家定的标准班额只能缩减到45人。在一

张"名校"班级图片中可以看到，为了节省空间容纳更多学生，学生椅子都没后背。在这种客观条件下，我们的教师如果学西方"大放手"，不说完不成任务，教室也会乱成一锅粥。我们的教师在"大

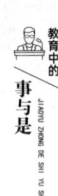

班额""繁重教学任务"情况下，还能够寻求到"本真教育"与"功利需求"的平衡点，虽不能称之为"本真教育的课堂"，但完全可称之为"教师用尽智慧的课堂"。英国不仅学习我们的教学方法，还从上海引入了我们的教师。如果你认同世界文化的多元性，那么，中国教育就为世界提供了一个在培养人才方面很有价值的"中国方案"。

有人批评我们教师存在课外补课赚钱等师德问题。你是否知道，教师是和学生没有血缘关系的人群中，唯一为学生进步真心高兴的人。各行各业都会有不合格的人，教育也是如此。呵护教育，就不该对教育行业的不良现象无限放大，以偏概全。人们在炒作拿着教鞭打学生的教师时，更不该忘了以身挡车救学生而英勇牺牲的教师李芳和为了救学生再也站不起来的佳木斯教师张丽莉。教师课外有偿补课，有教师自身的问题，但这个问题的出现，每个层面都该反省，更要清醒地认识到，不能以此来激化师生矛盾，把世上本来最美好的关系之一，推向矛盾的两个极端。亲其师才能信其道，共建良好教育软环境应该是所有人的责任。

可以说，大众批评的教育问题是客观存在，但我们看问题要有全面性，既要看到教育的不足，也要看到教育的成绩；既要对美好教育怀有期望，也要冷静看懂我们的"家底"。生产力的发展水平决定生产关系，经济基础决定上层建筑，人们对美好教育的期望和社会事业发展不平衡不充分之间的矛盾还将长期存在。对中国教育的评价和期望一定要理性客观，我们国家还是一个发展中国家，还将长期处在社会主义发展的初级阶段。这样看教育，人们心中就会给教育一点温度、一份宽容，这一点温度、一份宽容就是社会支持教育发展的一份可贵能量。

2016 年 7 月 1 日，习近平总书记在庆祝中国共产党成立 95 周年大会上明确提出：中国共产党人"坚持不忘初心、继续前进"，就要坚持"四个自信"，即"中国特色社会主义道路自信、理论自信、制度自信、文化自信"。因此，要办好中国的教育，我们国人一定要有"教育自信"。

新课程标准中的两个欣喜、一个遗憾

普通高中新的课程标准终于出台了，和过去的课程标准对比，我们欣喜地看到与时俱进的变化，但也存在学科本位的遗憾。

第一个欣喜是明确了立德树人的根本任务。

新标准中所有学科都明确了立德树人的根本任务，这是培养中

国特色社会主义人才的底线要求，更是做"本真"教育的必然，因为教育就是把孩子的内心引出来，让孩子主动变成自己想成为的样子，这个引出内心就是铸就学生的灵魂，就应是立学生的"三观"，即世界观、人生观、价值观，立学生的真、善、美，更基础的工程

是立学生的性格，即专注力、自控力、好奇心、责任感、勇气、自信。格局决定结局，不管是为了学生的未来发展，还是为了眼前高考要取得好的分数，做学生灵魂的教育，都是应有的格局。北京22中孙维刚老师培养的学生55%考入清华、北大，他总结最关键的原因，不是全部配备好老师，也不是各个学科教学都用了什么方法，最重要的就是让学生明白自己怎么做人，做什么样的人！在一线的领导老师们也可以看看自己的周边，在中考、高考中取得成绩的班主任，

带的班级也一定有很强的积极向上的人文精神。因此，抓立德树人，就抓住了教育的根本。

第二个欣喜是课程与时俱进。

从课标要求看。加入了新时代经济社会发展、科技进步新成就；更加关注学科内在联系及学科间的相互融合，克服碎片化及彼此间的脱节等现象；更加遵循教育教学规律和学生身心发展规律，贴近学生的学习和生活实际，充分反映学生的成长需求。如历史课程设置"改革开放新时期与中国特色社会主义进入新时代"专题；地理、生物、化学等课程要求学生树立"绿水青山就是金山银山"的理念，树立人与自然和谐共生的观念；物理课程引导学生关注宇宙学研究新进展，开展引力波讨论活动等；信息技术、通用技术、数学等课程要求学生了解物联网、人工智能、大数据处理等相关内容。

从课程结构看。语文学科新教材把阅读与写作、口语交际分成两个独立的系统编写，使教材的线索清晰，序列完整，便于操作；数学学科突出知识主线，其结构考虑到逻辑关系，将必修的五个模块合并为三个主题，将原来的选修 1.2 的模块合并为三个主题；历史学科新课标教材改变原来版本的专题史体例，按通史体例重新进行编写。无论课标要求，还是课程结构，都更加符合时代要求，更加顺应民意、民情、民需！

一大遗憾是改革更多做了"加法"，几乎没做"减法"。

　　我国基础教育要求的学科内容与学生发展需求，与世界各国基础教育要求内容相比，过多，过深，这已经是一个教育共识。但这次课标的修整却在原有内容上，更多地做了"加法"，每个学科课程内容都有增加。虽然有的学科有一点减少，但几乎微不足道。暂且不去赘述增加的具体内容，我们看到权威发布，专家解读基本都是，"内容更全了，分量更重了，要求更高了"，看到的是增加某些衔接、某些新内容、增加学业质量检测、增加科技新发展等等，评价多是"内容更丰富，体系更合理"等。"加法"虽有价值，"减法"也自有其意义，站在学科体系的角度看，"全，多，高"，无可厚非，但每个学科都求"全，多，高"，并指向一个学生时，可能就是一场教育的"灾难"。这些年来，素质教育没有达到预期，可以说是很多原因造成的，但与学科内容过多也有一定关系；翻转课堂、项目学习、加强综合实践活动都是很好的改革探索，但在学校的教育实施过程中却举步维艰，学科内容过多的压力也一直是客观存在的。我们在学习融合西方的教学方法时，也应同等重视课程结构和内容，课程才是教育改革的基础，物理学科在培养人的科学思维、科学探索、科学态度上很关键，但这些品质的形成不是和学科的内容多少与深度成正比，如果能减少学科内容或降低要求，用更多时间直面思维，更利于学生的发展。课标处处指向学生核心素养，为未来人才的培养指明了方向，但在实际操作中，学科内容只增不减或减的很少，也许就是下一步改革实践中破不了的"结"！

为全面取消全国性高考加分点赞

　　2018 年 3 月，教育部印发《关于做好 2018 年普通高校招生工作的通知》，对普通高校招生工作进行全面部署。据教育部网站信息，依照相关规定，全面取消体育特长生、中学生学科奥林匹克竞赛、科技类竞赛、省级优秀学生、思想政治品德有突出事迹等全国性高考加分项目。这项决定酝酿多年，经过几年过渡期，2018 年，在十九大召开之际终于落地，我们应该为其点赞。

　　赞其教育本真的回归。按自然法则，多元智能呈正态分布的孩子发展潜质巨大，因为他们具有适应社会的全面性，更具有成功需要的鲜明个性。这些年我们教育学生通过高考加分鼓励其发展特长，但由此带来的恶性竞争，却偏离了这个政策制定的初衷，真正能靠实力得到体育特长、学科竞赛等加分的孩子，已经严重地偏离了人发展所追求的全面性，靠此升入大学，毕业后做出成就的比例并不高。我们国家的顶级运动队，在国际舞台竞争中，往往也感觉到在关键时刻有所欠缺，其实差的就是这些运动员的文化底蕴。

　　赞其对社会的负责。古语说，"一将功成万骨枯"，在加分的

道路上莫不如此，在省内一个学科奥赛能获得加分的可能就十几个人，"陪榜"的要有几千人，这些孩子为了角逐这十几个名额，要放弃很多其他方面的有益的学习，不去说获得资格的孩子是不是源于兴趣，就其功利目标来说，可能也得不偿失，获得那点加分也未必比得过正常学习所得，而未获得好名次的孩子，更是鸡飞蛋打。体育更是如此，靠体育加分走上专业、升入大学的学生，在庞大的体育生中也是凤毛麟角，由于平时对文化课的忽视，一旦失去体育特招的机会，就很难考上大学。文化课的欠缺，也直接影响了这些学生在社会上的生存质量。

赞其人才战略的理性思考。我们的教育是应该为社会培养广大劳动者，国家在奥林匹克运动会上拿到了很多金牌，但全民身体素质和发达国家还有很大差距，我们更应倡导的是全民身体素质的提高，正如清华大学的口号：锻炼身体，毕业后健健康康为国家工作五十年。我们应制止为了追逐成绩，让孩子过早进行高强度体育训练，使身体局部器官过劳受损的情况。

赞其教育公平的践行。由于竞争的激烈，真正达到加分水平的学生，大都是靠家庭的经济实力"堆积"出来的，这样看似公平的机会，对大多数没有超高体育天分的寒门子弟是不公平的，多数都只能望而却步。同时还因为一些不可避免的加分程序上的漏洞、不正之风等，更加大了特招的不公平。

有人担心这些政策会影响特殊人才的培养，其实这是多虑的，

高考招生中有自主招生，现在的比例是一些学校录取人数的百分之五，将来比例会更大，在严格的考核下，真正有特长的学生仍会获得加分，甚至更高的加分。清华大学就明确表示进入奥林匹克学科竞赛国家集训队的学生可以免试入学，我国优秀的运动员很多也是免试入学的，因此，有自主招生政策的存在，加分政策已经没有存在的必要了。

另外，我们国家教育的出发点也在不断进行理性的调整，国家已经不像过去那样关注国际奥林匹克学科竞赛的几块金牌，更多关注的是全体中学生的科学素养，在体育上，也已经不是"锦标"主义，而是更多关注全民健身。

综上所述，这一政策的公布，是深入贯彻落实党的十九大精神，全面贯彻党的教育方针，全面落实《国务院关于深化考试招生制度

改革的实施意见》，发展素质教育，促进教育公平，科学选拔人才，确保高校考试招生公平公正和规范有序有力的举措，这是目前教育改革最坚实的一步，我们应该为之点赞。

高考在为谁背着黑锅

教育事业既是最大的民生，又是最重要的未来事业，国家已经把教育放在各项社会事业优先发展的战略地位，但无限度的学习、疯狂的补课、忙不完的作业，这些现实的矛盾，让教育成了现实中从百姓到国家最大的焦虑。

社会上很多人都把这些矛盾归因于高考，认为是千军万马过独木桥的现实导致了教育中难以破解的问题，高考制度成了千夫所指，但真的是高考吗？

解决问题的必要条件是，认识问题是前提，找到原因是关键。关于大学的毛入学率（就是占同龄人口的比例），截止到2014年，按照世界银行发布的数据，全球范围内的学前教育入学率为44%；

小学的入学率为 105.7%；中学的入学率为 75%；大学的入学率为 34.5%。中国的教育事业从 1990 年以来，取得了飞速的发展，目前学前教育入学率已经达到 81.6%；小学的入学率达到了 108%；中学的入学率达到了 96.2%；大学的入学率达到了 39.4%。教育部 2017 年 7 月 10 日发布的《2016 年全国教育事业发展统计公报》显示，2016 年，我国高等教育毛入学率已达 42.7%，比 2012 年增长了 12.7%。到 2019 年，我国高等教育毛入学率将达到 50% 以上。从数据对比看，各项指标都已经超过了世界的平均水平，特别是大学的入学率，从 1990 年的 3.8% 上升到 42.7%，远超世界的平均发展速度。但教育的上述矛盾并没有缓解，而世界很多国家的毛入学率不如我们或和我们差不多，但他们都没有这么尖锐的矛盾，因此可以讲，

现在教育的各种极端功利的现象，成因并不在高考，高考不过是在为极端的教育现象背着"黑锅"而已。

那么矛盾的根源到底是什么呢？其实是一些根深蒂固的观念。人类的幸福和上什么大学没有直接关系，和是否成功也不是一个事，卖菜也能赚大钱，做工人也可做成"院士"。由此可见，今天中国教育的很多矛盾源于人们对社会认知的扭曲。今天的局面，高考只是一个替罪羊而已，真正的祸首是人们的理念。就是"万般皆下品，唯有读书高""学而优则仕""三教九流"的封建、世俗观念，这些观念不改，只改高考是徒劳的。因为，当大学升学率达到百分之百，还会有不同层次的大学之分；当毕业生都能找到工作，工作还有性质之别。

建设和谐社会，实现人类幸福，最关键的不是社会财富多么丰富，而是全民观念，也包括育子观念，这种职业"尊卑"的观念已有几千年，但现实告诉我们，不管整个社会怎么努力，你个人是否愿意，同龄人也只有百分之四十多一点能升入大学，有将近百分之六十孩子落榜。如果人们还是醉心一架独木桥，结果可能是戴着小眼镜，长成了温室的豆芽菜，大学没去上，回头再看自己，不只是没学明白知识，更是没有什么其他本领。家长和孩子沉迷其中可以理解，但社会不能没有理性的声音，决策者不该不知真正的归因。因此，国家在政治、经济、文化的顶层设计上就要进行正确引导，让社会的每个成员都认识到，社会有多种分工，需要各种各样的人才。家长、孩子只有消除尊卑之感，才能放下虚名，树立理性、客观的目标，教育的乱象才能逐渐消除，社会才能和谐。

这些对教育的理性思考，可能让人感到冰冷，但这是客观的、负责任的思考，掌握了这个思维，明白了这个道理，家庭就能少几分纠结，学术界也能少几次"深化改革"，社会事业建设也会少走很多弯路，人们才有机会办本真教育。

教育减负应是一场全民持久战

近日，《中小学生减负措施》（减负三十条）出台了！这份文件经国务院同意，由教育部、国家发展改革委员会、公安部、民政部、财政部、人力资源社会保障部、国家市场监管总局、国家广播电视总局、全国妇联九部门联合印发。《中小学生减负措施》明确，要引导全社会树立科学教育质量观和人才培养观，切实减轻违背教育教学规律、有损中小学生身心健康的过重学业负担，促进中小学生健康成长。

九个部门联合发文，可见国家决心之大，对比历史可称得上是最严肃的一次减负举措。民众多半会期待借助此政策能有效缓解目前的很多教育矛盾。但教育的问题，不管采取什么政策，也绝非一蹴而就，国家、社会必须做好长期斗争的准备，因为这些问题背后深度的社会原因，一时还无法破解。

第一个原因是人们根深蒂固的观念。我国自古以来，社会等级观念深入人心。文中第十八条对此提出了明确要求，树立科学育儿观念，即家长要正确认识孩子成长规律，尊重孩子个体差异和天性，保护孩子的想象力、创造力，把培养孩子的好思想、好品行、好习惯作为家庭教育的首要目标。但这种观念，已经存在几千年，这座压在人们心里的冰山，绝不会马上融化。观念如果不转变，社会事业即使发展到孩子都能上大学的程度，大学还有不同层次之分；即使人们都有工作，工作还有不同性质之别。为了提高自己的社会地位，学生还是会拼命补课，贪黑起早忙作业。因此，减负工作需要全社会与传统封建理念做长期的斗争。

第二个原因是社会经济的发展。经济基础决定上层建筑，教育文化从它产生那一天起，就和经济基础密不可分。当社会发展到有了剩余产品，社会才有超越本能的主动学习，因此各种教育矛盾也是社会经济发展的必然产物。在现实中，那些以军事化严格管理著称的"名校"，一般不会产生在经济高度发展的大城市，也不会出现在全国经济相对落后的地方，最拼教育的地区，多是经济发展处在中游的地区。家庭也如此，教育的焦虑更多是中产阶层，拥有更多选择的、文化与物质条件都充足的家庭，没有必要焦虑。而对于贫困的家庭，脱贫还是全家的目标，也没有精力去纠结于教育质量。社会经济发展是一个漫长的过程，教育的各种矛盾也不会一时之间就能化解。

第三个原因是独生子女的人口结构。措施第十八条也提到切实履行家庭教育职责，严格对孩子的教育管理，支持学校和教师正确行使对学生的教育管理权利。要理性设置对孩子的期望值，鼓励孩子尽展其才。根据孩子的兴趣爱好，选择适合的培训，避免盲目攀比、跟风报班或请家教，给孩子增加过重课外负担，损害孩子的身心健康。六个大人守着一个孩子，怕冷，怕热，怕成长不好，别人管不得、碰不得，孩子是六个大人未来的唯一寄托，这样的家庭背景，有谁能够挡住这六个大人带着孩子抢跑的决心？人口结构调整周期很长，独生子女教育一定是教育的长期难题。

第四个原因是我国多年来形成的"以学科为中心"的教育结构。新中国成立后，我国深受苏联的影响，整个教育是以"学科为中心"建构的，结构决定功能，学科本位思想指导下的教育，知识体量大（比国外），课堂以记住知识、总结规律为目标，高考自然也以分数作为评价标准，教育多在记忆、理解、应用低阶思维层面上运行。学生把知识记下来就能答上卷子；理解好公式，多用公式解题，就能取得好成绩。如此的结构，怎会让社会停止补课，让学校减少作业？

国家已经提出"以人为本"的教育理念，但教育体系的变革还在漫漫的征途中，改变家长、孩子的质量观还需要时间。

社会所有的问题都一样，在矛盾斗争中才能得到发展。有这样一句俗语，"小成就靠朋友，大成就靠敌人"，教育背后的矛盾，也是今天教育发展的动力，同样会成就中国教育今天的厉害和未来的伟大。减负看似指向教育，但实质上关系到民族未来，是整个社会无硝烟的战争。我们要挡住面前的敌人，更应决胜千里，动摇"负担"赖以生存的根基。

向伟人学做教育

欧文、圣西门、傅立叶创建了空想社会主义，马克思创立了马克思主义哲学、政治经济学、科学社会主义三大理论体系，中国作为科学社会主义理论的具体实践地，创建了具有中国特色的社会主义，取得了举世瞩目的成就。在这伟大复兴之路上，有人说，毛主席让中国站起来，邓小平让中国富起来，习主席带领中国人民走上了世界舞台的中心。回首中华民族复兴之路，这些世纪伟人的声音，环绕在耳。

在民族解放过程中，我们伟大领袖毛主席在解放中华民族的斗争中论断，"枪杆子里面出政权"，"敌进我退，敌驻我扰，敌疲我打，敌退我追"，毛主席以明了清晰的斗争方式，引领中国革命最终走上了胜利之路；改革开放时期，邓小平同志曾提出"发展是

硬道理"，"不管黑猫白猫，抓得住老鼠才是好猫"，改革开放的目标生动形象，中国人最终奔向了小康；领导我们走向新时代的习主席，在论治国理政时也有"治大国若烹小鲜"的精辟引用。伟人们治理国家，不在于滔滔不绝的理论，更重要的是切中关键，掷地有声。

现如今，我们教育管理者，都应借鉴伟人治国理政的方式思考教育，我们无须煞费苦心地经营各种教育理念，很多理念的提法，其实质无非还是"以人为本"的思想，"个性化"教育的翻版。现在教育不缺思想，党的教育方针已经明确指出，坚持教育为社会主义现代化建设服务，为人民服务，把立德树人作为教育的根本任务，培养德、智、体、美、劳全面发展的社会主义建设者和接班人。现在缺少的是让教育者确切知道，课怎么"备"，课怎么"上"，作业该怎么"留"、怎么"批"，课程怎么"开发"，学生生涯如何"指导"，综合实践课程如何"落实"，综合素质评价怎么"操作"，教育不缺七个碟八个碗的大餐，缺的是家常小菜的精心准备，教育不缺光鲜靓丽的新名词，缺少的是像伟人那样的至理名言。教育部中学校长培训中心王俭老师曾发表"专家越来越像校长"的观点，这句话下半段隐含的就应是"校长越来越像专家"。

向伟人学习，更不能忘了人类历史长河中的璀璨之星。孔子曰，"学而不思则罔，思而不学则殆"，"不愤不启，不悱不发"，"举一隅而不以三隅反，则不复也"。孟子曰，"学习之道无他，求其放心而已矣"。老子曰，"合抱之木，生于毫末；九层之台，起于累土"，"千里之行，始于足下"。苏霍姆林斯基认为，"没有爱，就没有教育"。陶行知则提出，"教师的职务是'千教万教，教人求真'；学生的职务是'千学万学，学做真人'"。这些流芳百世、为师者乐见的教育箴言，没有刻意追求高深的意境，反而是简明地切中教育关键。

办教育不是不提倡对教育"道"的研究,但"道"的价值更在于"术"的落地,人们常说"实践出真知",只有教育真正落地时,"道之所存"才会被人们发现并理解。荀子所说的"不闻不若闻之,闻之不若见之,见之不若知之,知之不若行之。学至于行止矣"也是此理。

新媒体阅读该获得应有的尊重

1995 年,联合国教科文组织把 4 月 23 日定为世界读书日,其主要目的是希望散居在世界各地的人,无论年老年轻、贫穷富裕、虚弱健康,都能享受阅读的乐趣,都能尊重和感谢为人类文明做出过巨大贡献的文学、文化、科学、思想大师们,都能保护知识产权。

现在各个国家倡导读书,但更多关注的是通过读书促进人类社会的文明与进步,很多机构和媒体也拿出读书和购书的数据来说事,比如,有人统计世界人均年读书量排名前 5 位的国家:俄罗斯 54 本,以色列 50 本,德国 47 本,日本 45 本,奥地利 43 本,而中国人均年阅读图书为 4.35 本。网上还有一个相关国家每年人均购书量的数

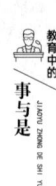

据：以色列 64 本，俄罗斯 55 本，美国 50 本，而中国平均每人每年购书不足 5 本。这些数据的确说明一些问题，但已经不能以此来展现阅读的真实现状。

现在在很多人眼里还是认为只有捧着一本书，才算是书生意气。因此，有些媒体报道，在地铁里，很多国家民众都拿着报纸和书在阅读，而我们国家不论你年纪多大，都在低头看手机，这种对比显示了对国民阅读状况的担忧。

这样看问题，看似是对过度使用手机的担忧，但深度分析，其实质是怀有对新媒体阅读的歧视，心中只有纸媒的书香，没有看到新媒体的芬芳。我们不去探讨新媒体阅读能否代替传统的读书方式，但新媒体对文化的传播已势不可挡，这是谁也回避不了的。

一是方便阅读。这种阅读经常在乘车、排队、小憩、等人之类的情况下进行，利用的是小段时间碎片。与这种阅读相对应的是传统形式的阅读——捧一册纸质书，找一安静地，花费相对大段的时间。所以，在互联网环境下，电子阅读提供了无限可能。

二是方便检索。电子阅读依托于互联网，能够提供方便的检索功能。互联网有一个"云"的神话——云存储、云计算，全人类有史以来的一切知识都在那朵"云"里面，想读的内容随时可以靠检索获得。

三是世界正在走向多元化。自然科学和社会科学的各项重大理论也处在快速发展阶段，这些都以碎片化状态进入我们的生活，社

会生活的变化使碎片化阅读不可阻挡。

四是人类的自然属性就有"趋利避害"之势。依托网络的新媒体阅读有诸多优点，还有廉价的优势，环保的效能，这也是遵循发展规律的阅读。

当然，更想说的是，对于新媒体阅读没必要找它更多存在的理由，除了在校的学生，无论是学者，还是科技致富的农民，他们需要的新知识无疑多数都来自新媒体。在新媒体阅读浩浩汤汤的今天，如果我们眼中仍然只有书本，只围绕书本，大讲书香校园，而不主动引领学生进行新媒体阅读，无疑是教育的掩耳盗铃。负责任的教育者，要放下"清高"的心态，正视世界，与时俱进，给新媒体阅读该有的尊重。

"世界最勤奋的人老了"，教育该怎么办

　　有一家外国报纸发表一篇文章，题为《世界上最勤奋的人已经老了》。文章说，世界上有群最勤奋的人，他们是中国的下乡知青、高考学子、出国留学生、下海闯荡的和进城务工的人，短短二十多年创造了世界奇迹，把非常落后的中国变成经济总量世界第二的国家。文章最后还问："中国还有这么勤奋的人吗？"

　　有位中国编者更深刻地写道：当年，中国到处是扬尘的碎石公路、简陋的火车站和汽车站、烟雾弥漫轰隆直响的破旧火车，城市里到处是成片的旧房……

　　几十年来，这群中国人"晴天抢干，雨天巧干，白天大干，晚上加班干"，当欧洲人每天工作五个小时，他们每天工作十五个小时；当印度人躺在恒河边等下辈子时，他们心中只有"只争朝夕"；当美国人充当世界警察时，他们默念"发展才是硬道理"。

　　迅速连通全中国的高速公路，迅速铺满全中国的高速铁路，不断扩大的飞机场，不断增加的飞行航线，现代化的飞机场和火车站，成千上万拔地而起的现代化大中小城市，看不完、玩不够的自然和文化旅游景点，数不清的现代化十足的购物中心，全世界最多的现代化工厂……

这就是现在的中国！

中国人不知不觉，世界却惊奇不已，太快了！太不可思议了！

很遗憾，这些四零后、五零后、六零后早已累弯了腰。他们老了……他们努力过了，他们奋斗过了，他们看到了今天的中国，看到了今天的世界，他们值了！他们对得起自己，对得起中国！

世界上曾经最勤奋的人老了，孩子们应该记住，这就是我们父辈、祖辈，他们创造了神奇的中国。当然，记住他们是应该的，更重要的是中国人还勤奋吗？我们的教育怎么办？

现在，我们也不乏精英，目前世界顶尖科学家美国有六百多人，日本近三百人，我国也有五百人左右。但我们也正在培养着"富二代"，尤其是大量普通家庭的"富二代"，现在工厂、工地已经出

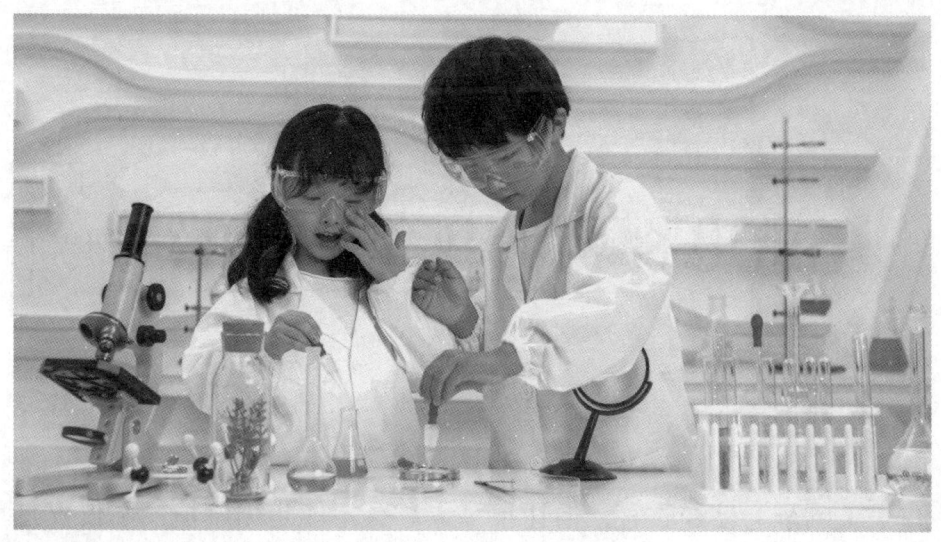

现了大量的用人荒，不仅如此，有的人有着高学历，宁可在家啃老，也不愿意出去工作。

教育，既是民生又是未来的事业。一个民族，如果没有先进的科技则一打就垮，没有文化底蕴会不打自垮。我们不能期望谁会带来美好的未来，我们要坚守勤劳的文化传统。一方水土养一方人，我们是勤劳的民族，"钻木取火""大禹治水""愚公移山"就是我们民族文化的根，四零后、五零后、六零后就是我们孩子的榜样。

我们要培养创新的人才，不能让分数绑架教育，我们要真正肩负起为民族培育创新人才的重任，实现为国家培养全面发展的建设者的目标。奋发图强，才能成就中华民族浩浩汤汤创新的大河，才能成就中华民族伟业的九尺高塔。坚守文化的根，坚持不懈求创新，我们中华民族才会生生不息。

由电视剧《风筝》看教育

《风筝》已经收官，但让很多人久久不能走出剧情，不仅仅是观众，就连人民日报都专门发文描述了《风筝》这部热播电视剧，并用"唯有信仰牵系，风筝方能高飞"来高度评价。还有一些网友在看完《风筝》这部谍战片之后，将《风筝》这部谍战片与 2017 年大火的《人民的名义》进行了对比，有很多人说，《风筝》是不输《人民的名义》的，豆瓣网的评分也一路从 7 分走高到 8.5 分。这部剧的成功对教育也有很多启示。

教育回归真实才是王道，《风筝》最让我们感动的是新中国成立后的 20 集，剧情真实地再现了郑耀先回归平民，甚至是成为被改造份子的生活，感人的是人和事的真实。同样，感人的教育也需要真实，那些高居庙堂之上，通过蓄意包装制造出来的教育的繁荣和成果是娱乐而不是教育。陶行知说，生活即教育，这表明教育本就来源于生活，没有生活的底色，教育便毫无价值可言。负责任的教育人，对任何教育改革都该追问一下：可行否？

教育需要人性的回归，拥有人性的教育，才会飞得更高，《风筝》这部电视剧让所有剧迷真正难以释怀的不是剧情悬疑且主人公果敢、智慧，更不是男演员的潇洒，女演员的漂亮或武功高强，而是，电视剧把故事和现实结合在一起，超越了很多谍战剧，演到了"人性"层面，对人性的拷问，让观众为之动容。

一位教育家说："儿童每天来到学校，并不是以纯粹致力于学习的人的面貌出现的。儿童除了怀有获得知识的愿望外，还带来了他自己的情感世界。"老师的任务绝不仅仅是让学生每天载

着知识回家，而应该同时以美与善去熏染他们的情感，使其人性趋于完美，人格趋于健全。忽视情感价值，削弱情感的陶冶，不仅做人会畸形，也会缺少明天再来学校的动力和飞向未来的稳定器和方向舵。

教育必须完成立德树人的根本任务，《风筝》这部电视剧中为共和国立下不世之功的郑耀先，新中国成立后依然隐姓埋名，不能照顾自己的家庭，养教幼子，甚至被组织误会，被自己的"同志"迫害。这样一个共和国的功臣，拖着病重的身体，临终时还问首长："我的一张硬座火车票能报销吗？"这让每个追剧的人流泪，是什么让他能够为了组织的一个任务，放弃本该拥有的一切掌声和幸福，唯有崇高的"信仰"！有人说，你怎样认识这个世界，就决定了你怎样改造世界，也就是不同的世界观、人生观和价值观决定了你能做出什么样的事情。"三观"定位越高，成长中克服困难的内力越强，反之，当一个人世界观模糊，人生观中只有自己，价值观是追求财富和享乐，遇到困难怎么还会坚持？因为你的追求就是自己享乐，当然不会去战胜困难。因此，我们要培养社会主义接班人，培养开拓创新、不怕困难和曲折的社会建设英才，就必须要完成立德树人的根本任务。

中国男篮失利再次看清教育的一个理

中国男篮几次面对强手热身赛，都被打得一塌糊涂，心中很有感触！这几天，世界杯小组没有出线，输给尼日利亚又失去直通东京奥运会的机会，下一步，和欧洲打落选赛，出线更加渺茫，失望至极，作为一个教育人，想想根本原因是教育理念的偏失。

中国优秀运动员的培养其实和我们为师、为父母培养孩子是一样的，没有信任，哪有信心？没有信心，哪有好的成长？中国男篮

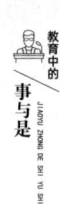
在新的篮协主席姚明的主持下，成立了红蓝两队，一批年轻球员脱颖而出，在亚洲杯上也打得风生水起。然而，从世界杯热身赛开始，主力阵容天天换，美其名曰，谁的状态好用谁，致使很多有天赋的运动员，不仅水平下降了，更关键的是信心给打没了！

看中国男篮的世界杯之旅，尤其是和尼日利亚的最后一场比赛。不想再回顾比赛过程，也不说各项技术，就说说优秀队员的培养，有个记者的观点和我相同。他写了一篇文章《13分钟得7分！李楠最后一场才想起亚运夺冠功臣，早该重用他了》，这个人就是阿不都·沙拉木，在世界杯前面的比赛中，阿不都·沙拉木在小组赛前面两场比赛中都是仅仅获得2分钟上场时间，第三场对阵委内瑞拉虽然获得了5分钟上场时间，但在排位赛对阵韩国的比赛中又直接遭到李楠的彻底弃用。赛后很多媒体和球迷都在质问李楠，为什么在这场比赛中不肯使用此前李楠在红队执教的"大腿"阿不都·沙拉木。因为大家都知道，阿不都·沙拉木就是在世界杯预选赛上对阵韩国队一战成名的，主客场两场比赛中他能砍下30分，在世界杯最后一场比赛，李楠终于想起了去年在亚运会夺冠的这位最大功臣，这次世界杯，在全场仅仅获得13分钟的情况下，他得到7分。

中国男篮的失败，虽然不是一个运动员决定的，但在阿不都·沙拉木身上可以得到放大的体现，本来很优秀，却因一时表现不好而被弃用，偶尔的上场怎能不手忙脚乱。顶尖运动员绝不是一年就练出来的，如果教练有慧眼，坚持主力阵容，加上特色队员，中国队也绝不是今天的成绩。女排的成功就是例子，袁心玥也被称为"兰陵王"，但郎平教练信任她、重用她，她才取得了今天的成绩。阿不都·沙拉木的悲剧，是中国男篮的悲剧，也是中国教育对"信任"教育认识不足的悲剧。

中国男篮兴也罢，衰也罢，都会有大量的粉丝去关注，国际重要比赛，中国男篮有过进前八的不错的战绩，这个成绩也是球迷们现在的梦想。虽然今天的梦想没有实现，但是中国男篮不会止步于今天，我们更应该从中看到问题的根源，及时止损。

别让劳动教育把孩子培养成"戏精"

2019 年 11 月 26 日，中央深改委审议通过《关于全面加强新时代大中小学劳动教育的意见》，强调要全面贯彻党的教育方针，坚持立德树人，把劳动教育纳入人才培养全过程，贯通大中小各学段，贯穿家庭、学校、社会各方面。

虽然国家强化要求时间不长，但已经有关于劳动教育的经验见

诸报端，展现的却是"小学校大能量"，相关的劳动资源没有多少阐述，就敢大包大揽说建立了一整套课程体系，好像学校样样都行。可能只是校园内巴掌大的生态园，就成了全校几千名学生的开心农田，没什么专业设备，拿着一个玻璃杯就敢说研究土地，没体现一点劳动元素，一帮孩子摆好姿势拍照，就是全班学农，拉着大旗拍个牌子就是探索生物奥秘。劳动教育要是这样，倒不如不做，不但没有把学生培养成合格的接班人，反倒培养出一帮跟着老师作假的"戏精"。

新劳动教育的实质是什么？结合教育的根本任务是立德树人，新时代的劳动教育应是打破学校教育和社会之间的壁垒，让教育走向生活，在真实生活中，遇到真问题，解决真问题。在体验中建构，

品质，在实践中学会合作，在劳动中学会与人、与社会、与大自然和谐相处。新的劳动教育是为了培养学生的综合素质，更是为了立德树人。新的劳动教育确实很重要，但一定把好事做好，方有其效。

在设计上一定要做到三个避免，先剔除形式主义的根基。

第一个避免：学校大包大揽。

劳动教育虽然是教育的事，但教育的事，也不等同于是学校的事，学校不应该、也没有能力大包大揽，因为学校教师的劳动指导能力有限，学校可供学生劳动的条件也有限。学校本身作为一个办学单位，自身和可在社会挖掘的资源都有限，想靠自身就做到尽善尽美，成体系地完成学生的劳动教育，就是自欺欺人、掩耳盗铃的教育，强编硬套一定是虚假的教育。真正好的劳动资源在社会，专业的指导教师也在民间。

第二个避免：教育建实践基地。

2001 年第八轮新课程改革，把综合实践活动计入学分，很多教育部门就开始大力兴建综合活动基地，用的怎么样，效果怎样，教育人都心中有数。它的问题在于，学生数量多，教育部门自己修建的基地远远不够，因此靠教育部门自己建设根本满足不了学生的需求。而且实践基地更多是模拟、演示，不是真实的生活，学生参加活动只为获得一点体验还尚可，但真正的劳动教育就不能自建实践基地，因为基地即便建成，它与实际生活还是有差距的，学生去也不是真实的体验，实际教育意义不大。新的劳动教育，希望汲取

2001 年的经验，教育部门自身没有能力，也没必要大包大揽劳动教育。

第三个避免：全班全校一起上。

排着队、扛着旗去劳动，本身就是形式主义在作祟，即便是想真劳动，到最后也可能只是做做样子，因为生活中不会有任何一个需要劳动的部门，可以要这么多不懂劳动技术的人一起上。这样的劳动，最后一定会变成走过场，摆拍照片，热爱劳动的品质没培养出来，却教会了孩子弄虚作假。

做好劳动教育，只有全社会都动起来，做到三个挖掘：

学校要挖掘现有资源，更要发挥学校的动员、组织作用。

学校是教育的主阵地，劳动教育是学校教育的重要组成部分。学校有很多真实的劳动可为，如班级卫生、环境卫生，东北的学生冬季还需要承担扫雪的任务，有的学校把扫雪当作负担，其实这不仅是一个很好的劳动教育机会，而且也是体育、德育的契机，既可以锻炼身体，也可以培养学生在劳动中主动承担、坚持不懈、积极乐观的品质。有的学校还建有生态园、学工室等，这些都是劳动教育的实践场所。需要注意的就是别把应该发生的真实劳动变成作秀。学校在劳动教育中的另外一个重要的工作，就是帮助协调组织部分资源，动员家长，但学校不是包办代替，深度的劳动锻炼学校无法做到，必须家庭深度介入。

家庭要挖掘资源让孩子到真实生活中去劳动，更应让孩子做一些家务。

家庭是劳动教育的主渠道，劳动不一定就是去学农、学工、学军，其实，让学生参与做家务就是最好的劳动，家务是培养学生健康情感很好的方式。研究发现，会做家务的孩子，更有爱心，更聪明。古人也说，"不扫一屋，何以扫天下"，让孩子打扫自己的房间，洗自己的衣物，自己的活自己干，这是最常态的劳动教育，如果连这个都不做，其他的可能就是舍本求末，都是没有真的想明白为什么做劳动教育。因此，我们要广泛、充分利用好家庭资源，让学生将劳动意识内化于心，一身尘土学农，专注地学工，满怀深情地去做义工……当然，不是拉开架势等拍照，而是真实参与。有一报纸宣传某学校的劳动教育，看语言表述感觉劳动教育开展得扎实、深入，画面却未见到任何劳动发生。一群笑容灿烂的孩子排成一排，每个人手里都抓一把土，这是什么劳动？一群孩子拉着大旗到某研究所的牌子前摆拍，这是在探索什么奥秘？多可怕的导向！

社会要挖掘可开放容纳学生劳动实践的资源，更要承担起社会教育的责任。

家长可以挖掘社会资源，但更多的社会机构，应主动、合理承担起社会教育的责任，在不影响自身经营的前提下，为学生提供劳动教育的支持和指导，在保证学生身心健康的前提下，让劳动真实发生。当然，也需社会舆论给予更多的支持、鼓励，对学生劳动中出现的问题给予包容和指导。

习近平主席曾特别强调"空谈误国、实干兴邦",我们教育更是如此,今天,老师带着学生做一个虚伪的摆拍,学校开发了一个做样子的课程,未来,我们培养出来的人可能就会是一批有灵魂问题的社会劳动者。育人无小事,一项育人活动,可以做得不完美,因为教育本身就是遗憾的艺术,但不能有意去做虚假的教育,劳动教育很重要,劳动的人也很美,但真正的美,是来自真实的劳动,只有真实的劳动才能让孩子的内心变美,只有汗水才能让笑容真正灿烂。

解贺知章笔下千古之谜

"少小离家老大回,乡音无改鬓毛衰。儿童相见不相识,笑问客从何处来。"这是唐代诗人贺知章久客异乡、返回故里时所作的感怀诗《回乡偶书二首·其一》。全诗抒发了山河依旧、人事不同、人生易老、世事沧桑的感慨。前两句写诗人回到熟悉而又陌生的故乡,心情难以平静。首句写数十年久客他乡的事实,次句写自己的"老大"

之态，暗寓乡情无限。后两句虽写自己，却从儿童方面的感觉着笔，极富生活情趣。诗的感情自然、逼真，内容虽平淡，人情味却很浓。语言朴实无华，毫不雕琢，细品诗境，却别有一番天地。全诗在有问无答中作结，哀婉备至，动人心弦，千百年来为人传诵，老少皆知。

但我作为少小离家、久居他乡的异客，回到久别的家乡，更愿意把第三句中的"儿童"理解为儿时伙伴。

从情感的角度，最想见到的是儿时的伙伴，最触动情感的是儿时的伙伴"相见不相识"，还笑着问："这位老哥你是从哪里来的呀？"这么理解此诗的后两句，才是一个游子还乡的真实感受。

从诗歌情感发展看，村边儿童不认识是常理，诗人不会很在意；儿时伙伴不相识，才与前两句诗人要表达的情感相一致，才会让诗歌哀婉之情上升备至。

从文章逻辑来看，第一句已经交代了"少小离家老大回"，从小就离家，与村边玩耍的儿童不相识没什么好说的，太正常不过了，说"儿童相见不相识"就变成一句废话。

从字面上看，"儿童相见不相识"里面用了一个"相"字，应该是过去认识的人用"相见"更合适，相见还有平等的含义，不该说与没关系的小孩相见，不对等。

与其说贺知章笔下的"儿童"是村边的孩子，我更相信是他日思夜想的"儿时的伙伴"。但还是苦于没有"儿童"可

解释成"儿时伙伴"的直接依据，真正是谁，也只有贺知章本人能回答了，也许他真的想一词双关，给大家留下这千古诗谜。

这首诗作为妇孺皆知的好诗，已被收入《唐诗三百首》，也纳入小学三年级的教材。其实在教学过程中怎么理解并不是最重要的，但对诗含义的质疑，恰是一个难得的教学素材。不过令人遗憾的是，在很多的教学中，老师在PPT画面上就定格为遇到的是村边玩耍的儿童，不容置疑；在讲课时，偶尔有学生表达出回乡遇故知的想法，也被老师无视。这就是我要说的教育的遗憾！发散思维、批判性思维的培养，是我们中小学教育中最缺失的部分，这些思维能力不是靠几天恶补就可以提升的，而是通过日积月累来成就的。

新的课程改革，对语文教学有明确的要求，慎用PPT，尤其是小学低年级。精美的PPT看着很华美，能激发学生的学习兴趣，但它也固化了学生的思维，不利于学生想象力的培养。人的核心素养，就是人生必备的品格和关键能力，而思维能力又是所有能力的核心。因此，我们的教育不要只求同，在质疑中求同，在质疑中存异，才是教学之道。

漫话教学

　　将一束光投注在墙上，形成一片光亮的区域。然后，把你的手伸到光源前面，结果在光亮的墙上就会出现你手掌的影子。这时候，如果想要改变墙上影子的形状，你可以直接在墙这个平面上对影子做任何修改吗？显然你是做不到的，我们只能回到三维立体世界的你这个人面前，改变你手掌的姿势，这样才能真正改变影子的形状。墙上的影子，处于二维平面，而现实中你的手，处于三维立体世界，影子只是三维立体的手在二维平面上的投射。如果想要改变二维平面的影像，就得要上升一个层次，到达三维去做改变。

　　你很穷，要求自己少买衣服少花销，能走路决不坐车，有朋友在决不主动买单，你会为自己省了几块车钱而沾沾自喜，觉得自己真会过日子，也会因为贪了别人的便宜而觉得自己聪明。可是，你从来都没有意识到，你眼下的生活被太多琐碎的事情填满，内心被各种鸡毛蒜皮的算计占据，这反而让自己可控的时间越来越少，身边的朋友也渐渐疏离。其实，你的穷，是一种心态上的穷，思维宽度太窄，自控力稀缺，真正能让你富足的，是摆脱你的"穷人心态"，懂得长远地为生活打算。

　　你很胖，要求自己每天痛苦地节食，可是你总是会不经意地在某一天，经过一番纠结犹豫之后，选择到一家火锅店大快朵颐，结果回到家一称，体重又回去了。这时候，你又会跟自己发狠誓，下

次绝对要管住嘴。可是，你从来也没有意识到，节食减肥只会让你的潜意识降低你的新陈代谢率，这会让你减少消耗，反而不利于减脂。而真正能够帮助你减肥的，不是管住嘴，而是借助饮食和运动的规律性来加速你的新陈代谢率。

人的思维是有层次的，你眼下的难题，往往需要提升一个思维层次来解决。

编者按："入模"是为了"出模"，当这种先进的教学模式变成师生的自觉行为时，师生的教与学的过程就会很顺畅，教学活动就可超越模式，进而可使教师根据不同的知识、不同的学生、不同的课型，进行有效的整合，达到"无模"即"出模"的境界。此时才真正拥有了个性化教学的能力，"个性化教学"才能得以实施。因此，我们在教育教学改革过程中初始的"入模"恰恰是为了最后的"出模"。

有人说某某人的课讲得好，其实，讲得好只是表象，它的背后真正的支撑是想得好，是想清楚了逻辑关系，是掌握了丰富知识，是观点有创新……在课堂上表达好，一定是因为自己有对相关知识的记忆，有对问题的深刻理解，也包含对知识的综合应用、对学习方法的创新和对学习结果的评价，而整合这些要素，更需要人的综合能力中的思考力。因此，回答每一个有价值的问题时，都是学生调动全部潜能的最深度学习。

先扶后放更接近教育的真谛

　　对于科学，有人说，科学家都在努力攀登科学的高峰，当他攀登到山顶的时候，却发现哲学家早已在山顶上等待；对于教学，有人说，教知识是教书匠，教方法是优秀教师，教思想是专家，教哲学才是大师。

今年高考语文试卷的作文，不是什么看见和看不见，表面和背后，考的就是学生的哲学思想。学生作文跑题的多，恰恰说明我们的教育平时很少引导学生用哲学思想思考问题。

目前的教育改革百花齐放，百家争鸣，对于课堂教学该怎么做各抒己见，当说不清、理不明的时候，我们就可以向哲学寻求答案。

孩子的教育问题研究和一般科学实验不同，不能随意控制变量，因此我们只好根据人的动物属性，回归到大自然，在干扰因素少的动物界寻找答案。在动物界，老虎是非常厉害的猎食动物，它们是怎么学本事的呢？当小老虎长到一定年龄时，虎妈妈就会带着它们出行，让小家伙们在草丛中观摩自己狩猎；观摩后的小老虎就在游戏中自由地模仿、演练，优秀的虎妈妈还会抓到活着的小鹿，让孩子进行实战练习。试想如果没有虎妈妈持续的"扶"，小老虎怎能练就"百兽之王"的本领？如果自负的人类不屑于向动物学本事，那就再看看我们人类自己，我们学打球、学弹琴、学画画、学唱歌，成名成家的过程哪个不是先扶后放？

俗话说，师傅领进门，修行在个人。"领"体现了扶的过程，而"修"讲的就是在"放"的过程中自己去打磨。自然界中的动物学本事如此，我们人类学技能也是如此，难道只有课堂学习可以特立独行，不循此道吗？哲学上讲不通。因此先扶后放更接近教育的真谛。

任何事物的存在都有其合理性，"先扶"在学校教育中，不是一个"存在"就可了结的，应该说我们几千年用的都是此道。反思此道，多年来，我们"扶"确实做得很好，"放"却做得远远不够。因此，现今的教育改革，在坚持科学、适度"扶"的基础上，应把改革的重点盯在"放"上。这种传承与创新相结合的思路，一定会让我们的教育再现一个繁荣、兴盛的春天。

心中有"人"该怎么上课

新的课程改革的核心理念是"以人为本"，这一理念依托了机体潜能说、动机多层次论和自我实现论三大理论支撑，即落实主体性教育，最根本的是发现学生潜能，激发学生对学习的兴趣，促进学生自我发展，这个过程也正是古希腊哲学家苏格拉底所说的：教育就是把一个人内心引出来，让学生主动成为自己想成为的样子。

本真教育的重点不是教知识，知识只是建构学生的必备品格和关键能力的桥梁，时代的发展，使知识短时成倍更新，知识是永远教不完的，可能有的知识没等学完，就已经过时了。在科技高速发

达的今天，人类用智慧为自己的成长创造了一个"助理"——计算机，你记住再多的知识也没有计算机多，这也更进一步诠释了"情感态度价值观是第一目标"这句话的科学性，即知识是知道什么，能力是能干什么，态度是干还是不干。可以看出，人生能否成事最重要的不是知识，而是态度，道理很简单，只是这个世界上的人都喜欢沿着前人成功的经验之路继续走，想改变这种思维定式其实很难，但更需要改的是格局。

以学科知识为中心，这是我们从新中国建立那一天就开始建构的教育体系，为此，讲明白知识，会做题，高考拿得出满意的试卷，就成为这个理念下的必然追求，这条道路在特定的历史时期也为我们国家培养了无数人才，想改变它，不是一时一刻能完成的，需要长期坚持，更需要从基础的课堂开始。

是以人为本还是以学科为中心，在课堂教学设计上有明显的区别。比如数学学科抛物线这节新课，不少老师从到两点定点的距离之和等于定值大于二倍焦距点的轨迹是椭圆，到两个定点绝对值之差等于定值小于二倍焦距点的轨迹是抛物线，以此入手，然后提到到定点和定直线距离相等点的轨迹应该是什么，引入新课。很显然这种新课方式是想通过复习旧知识，引出新知识，温故知新。引课的优点在于知识的衔接和内容的引入，当没有更好的设计时，这也是一个不错的选择。不过老师在设计时要避免只有温故而无知新，只有知识而无情感。如果引课从两个点的距离入手，谈到点到直线

距离相等，这就缺乏逻辑联系，设计就是基于知识，而非对人的关注。课堂最起码要关注人的情感和认知规律，客观地分析。学生学习抛物线时多半不会想到定点和定直线距离相等的事，但在生活中，却看过很多抛物线之美，如天空炸开的烟花、抛出的石子，连名字都是这样来的，如果从这个角度出发，既关注了人的认知，也关注了人的情感，学生有了情感，自然就有了探索的动力，能否了解这神秘的曲线自然成了学生的愿望，新课引人入胜才更容易水到渠成。

不同理念下，数学模型的建立过程也会不同。如果只关注知识，就会直接建立坐标系、列等式，就可得到符合条件的曲线方程；如果关注人，则更应从感性到理性，可以按照到定点和定直线等距描点，让同学们发现图形，这个图形就是生活中的美丽。然后，再探讨如何用数学方式描述这样的美丽，这样既关注了人的认知规律，也关

注了知识的起源。

不同理念下的教学，教学进展明显不同，关注知识的老师，规律很快拓展到其他轴上，然后用大量的时间，用大量的习题来巩固。其实不管是以人为本，还是掌握好知识，都该深度认知，而不是急于应用。教师和学生一起得出焦点在 x 轴正向的方程，此后应该让学生自己完成焦点在 x 轴负向，焦点在 y 轴正负向的学习任务，夯实知识。教师经常抱怨为什么讲了多少遍学生还不会，认真反思，还是我们的教学方式有问题，如果焦点在其他几个位置上的抛物线方程是学生自己推出来的，学习效果一定会更好。

以学科为中心的质量观，教师无论是备课还是上课，眼中更多的是知识点，先把知识讲清楚、讲明白，然后跟进解题能力训练，而以人为中心的质量观，则不仅关注解题能力的培养，更着重关注人的情感、人的认知水平、人的认知规律，更加重视知识的自然规律属性和学习中的实践与体验。如果只关注了知识内容和解题训练，知识会失去它很多应有的魅力，自然变得枯燥；如果关注人，获取知识的过程会获得内驱力，知识也变得鲜活而有生命，对知识的理解也更为深刻，教师的教学水平才会真正得到提升。

STEM 教育不是一个筐

STEM 教育是把提高学生综合素质作为着力点，将提高学生的问题意识和培养学生的创新精神作为核心。

近几年我国在 STEM 教育的课程建设、课堂教学、教学设计等方面涌现出一大批优秀的案例，但也出现了缺乏深度理解的要素"垒砌"的"泛 STEM"现象，以创新的名义在 STEM 基础上，随意找几个新要素进行组合，把"STEM"当作一个贴有改革标签的"筐"。

STEM 是科学 science、技术 technology、工程 engineering、数学

mathematics 四门学科英文首字母的缩写。其中科学在于认识世界、解释自然界的客观规律；技术和工程则是在尊重自然规律的基础上改造世界、实现对自然界的控制和利用、解决社会发展过程中遇到的难题；数学则是作为技术与工程学科的基础工具。

STEM 教育是教育改革的一个方向，但不是改革的全部，我们要把 STEM 教育做好，但不能滥。

在认识上，不要和项目学习、融合式学习、问题式学习混为一谈。STEM 教育只是项目学习、融合式学习、问题式学习的一个分支，它最大的特征是必须有工程、技术，强化的是让学生动手。强化这一认识的目的在于，不能用只需理论的探究、纸面上的研讨就可出结果的项目学习来代替 STEM 教育。

在选题上，STEM 教育强调的必须是现实世界真实存在的问题。只有真实的问题，才具有科学性，才有研究探讨的价值，才能在课程中真正培养出学生的科学态度、科学精神，虚假的命题，不仅无益而且还会成为对科学精神培养的毒瘤。

在技术和工程上，可以利用模型，但工程、技术上效果要尽量求佳，模型最大化地接近实物样态，只有这样才具有真实感，才会有更多的真实问题，才会有真命题、真答案，追求实物结果是 STEM 教育与学科教学最大的差异。

在解决问题上，不能是不需要动脑、没有创新的元件拼装。我们是中小学创新课程,发明创造不是核心目的,培养学生的创新精神、创新能力才是主要目标。因此，可以预知结果，但路线不该是唯一，元件不该固定，过程一定要有思辨，要有计算。

我们还应该注意的是，STEM 强调跨界学习，它更强调的是科学（物理、化学、生物）、技术、工程、数学的跨界综合运用，而不是追求我们学习中的物理、化学、生物等学科跨界，一个 STEM 选题可以是个纯物理问题，也可以是一个纯化学问题。比如抛石器，就是源于物理原理，运用工程与技术，解决现实问题的选题。

STEM 教育在我国方兴未艾，但在很多发达国家已经有很多教育实践。我们有理论联系实际、走特色道路的需求，但 STEM 教育的核心不能随意改变，一个缺乏特色的教育形式，也必将失去它独特的育人功能。

捋一捋小制作、创客和 STEAM 教育

小制作、创客和 STEAM 都是学生非常喜欢的课程，也是教育改革的重要内容。小制作自古有之，创客与 STEAM 的概念和授课

方式来源于国外。现在，无论在国外还是在国内，人们都对其概念、定义做了一些界定，但在现实中，小制作、创客和 STEAM 在很多人的心目中还是有些模糊的。有时候学校组织的活动标题是 STEAM 课程交流，但大家看到的更多是小制作、创客的成果而已。概念只

是一个名词，本身并不重要，但厘清概念内涵，才能清楚工作的方向。

　　小制作、创客从成果形式上看都是制作一个物件，从过程操作上看，都要经历创新思考、设计和制作三个主要步骤，在这两点上看并没有多大的区别，这也是人们容易把这两项课程弄混的原因。深度研究后会发现，它们的区别在于学习过程需要的能力也就是在培养能力上有程度上的区别。一般来说，小制作主要培养的是学生动手的技能，虽然也有思维能力的培养，但学生面对的问题都不是很复杂，比如折纸、窗花、草编、竹编、陶艺以及通用技术设计等

方面的内容，动手是主要特征。对创客来说，也需要动手的技能，但更需要设计，更注重思维能力的培养，一个明显的特征是大都要利用现代科学技术，比如制作航模、车模、船模、机器人、3D 打印等。

把创客和 STEAM 教育混为一谈的人更多，原因在于它们也都要有创意、设计和操作步骤，都指向思维能力和动手能力的培养，都要有产品，但他们的区别其实也比较明显。创客多是虚拟的，而 STEAM 教育研究的多是生活中的实际问题。创客的成果有航模、车模、船模、各种机器人、3D 打印物体等，都是模型，不是真实生活中可用的，如果学生制作的飞机、车、船真可载人，机器人真的可到操场上踢足球，等等，那么这时学生的活动就该是 STEAM 学习了。它们还有一个大的区别，创客大都是制作一个物件，而 STEAM 教育是完成一项任务，研究的内容既可以是自然科学的，也可以是人文科学的。

STEAM 教育在基础教育范围内受到强烈的关注，它与创客比最大的优势是，创客是虚拟问题，STEAM 研究的是实际问题，STEAM 课程不仅有创意、有设计，过程让学生"烧脑"，更为可贵的是，在实际问题的研究过程中，还会产生很多科学的问题，这使得 STEAM 教育在培养学生方面体现了更高的实际价值。另一个可贵之处在于，STEAM 教育涵盖了人文科学问题，在培养学生科学精神的同时，还关注了学生人文精神的培养，这些都是虚拟创客、简单的

小制作无法企及之处。

智慧课堂更需要教师的"傻瓜"精神

什么是智慧课堂，我认为，就是用教师的智慧唤起学生智慧的课堂。

当然还有很多具体的解读，基于新的课程理念，有人认为，课堂教学不是简单的知识学习的过程，它是师生共同成长的生命历程，是不可重复的激情与智慧综合生成的过程。智慧课堂要求在课堂教学中要注重让学生"感受过程，习得规律，发展智慧"。基于技术创新，还有人认为智慧课堂在于用最新的信息技术手段来变革和改进课堂教学，打造智能、高效的课堂，通过智慧的教与学，促进全体学生实现符合其个性化特征要求的成长。总之，智慧课堂必须从学生的角度来衡量，看学生在课堂上的学习是不是主动的、有效的学习。

由此可见，课堂中的大智慧，不是教师冰雪聪明，让学生膜拜，而应是大智若愚，把学生激情点燃。在课堂上，教师大智若愚的"傻瓜"精神，就是教育的"留白"，就是学生主动学习的动力。

"傻瓜"精神体现在课前准备上，师生共同为课堂准备课程资源，学生提供的资源比教师还丰富，还精彩。

"傻瓜"精神体现在课堂进程上，课堂进程已经不是教师在规划线路，而是根据学生的认知发展、知识结构、逻辑，引领课堂前行。

"傻瓜"精神体现在问题解决上，学生答错了，教师"没看出来"或干脆"认为对了"，和错的同学站在一个立场上，等待其他学生来解惑。

"傻瓜"精神体现在动手能力上，不管是手工制作、实验绘画，还是科技创新，学生总比教师心灵手巧。

"傻瓜"精神体现在成果占有上，教师在课堂上只进行导、润、育，而课堂学习生成的成果，则都是由学生发现、研得、习得。

教师的"傻瓜"精神更要体现在对孩子的尊重上，不管遇到什么样的学生，教师都应满眼慈爱和欣赏，执着于诲人不倦，俯首甘为人梯。

教师当"傻瓜"不仅是一门教育艺术，更是为师的境界和品质。教师就是学生脚下那个弯起来的踏板，为了学生飞得更高，智慧的教师会把自己的身子弯得更低。

翻转课堂的"四维"发展路径

2011 年，国家颁布修订后的新课程标准，这是十年课改的反思与调整后的理性推进，十年课改的最大成果就是关注以学生为本的课堂教学成为教育者的共识。翻转课堂自美国传入我国，以其"先学后教"为主要特点，彻底颠覆了原来以讲授为主的传统教学模式，由被动学习变成主动律构，有效激发了学生的内在潜能，成为培养学生核心素养的有效教学方式，得到了众多教育专家的认同。但是，翻转课堂在一线教学实践中，却远没有达到专家的预期效果，翻转课堂在中国与传统教育的磨合、融合、契合的过程并不顺利，甚至

可以说是困难重重。

究其原因，从客观上看，在一考定终身主导方式的目前高考录取环境下，取得分数为最重要目的的现实需求，可量化的考试成绩仍然占据各级教育部门关注的核心地位；从主观上看，我们传统的"讲、练、考"便捷有效，教师更倾向于以往熟悉的教学方式，省时、省心、省力。如果用翻转课堂方式上课，教师备课增时，学生学习增时，从小学到高中，都很难达到课程标准的阶段目标要求，成绩之下，教师敢"翻"者寥寥。那么，在现实教育环境中，我们如何寻求突破呢？笔者以为，只要我们从学生终身发展的能力需求来思考翻转课堂，从课程的宏观设置上看待翻转课堂，就能找到目前翻转课堂的"四维"发展路径。

"一维"发展路径是通过非升学科目放开实施。我们从小学到高中，有很多学科没有承担升学考试的任务，这些学科教师的教学任务相对轻松，压力也相对较小，但是在学生终身发展的能力培养上却与其他学科具有同样的价值，因此，在这些科目教学中采用翻转课堂的形式没有过多障碍，教师可以大胆整合教材，重构单元框架，删减不适合的内容，增加与学科相关的现实生活中的事物，调整教学节奏，把教学重点放在建构学生核心素养上来，让翻转课堂成为本学科教学的主要形式。

"二维"发展路径是升学科目选择性实施。即便是高考重要科目，对那些课程资源丰富、学生兴趣浓厚或者学习难度较大的内容，

一学期也可以选择个别章节采取翻转课堂的形式来上课，如果每个学科都能这么选择，集中到学生身上，一学期也有几十节。这样我们既兼顾了目前的高考，又能让学生适当调整学习节奏，多一些学习时间和学习内容的自主权。

"三维"发展路径是课堂核心问题尽量实施。课堂教学中，每节课都有核心、关键问题，如果抓住这些关键问题进行翻转式学习，对于学生、教师都有促进作用。对学生而言，教师借助几分钟的视频，或启发思考，或引导思路，或铺垫知识，或拓宽视野。这种聚焦核心问题的翻转式学习既不占用学生过多的预习时间，也能让学生根据自己的实际情况调整学习进度，做到有思而来，带思而学；对教师而言，通过备课、制作视频、课上指导等活动，提高学生学习兴趣，有效突破教学难点，在实现学生培养目标的同时，还能提高自己对学科内容的理解和课堂的把控。这种聚焦关键问题的翻转也是目前我们翻转课堂突破困境的最佳出路。

"四维"路径是改革深入后会有更多时间实施。我国下一步课程最重要的一个内容就是削减课标中知识内容的要求，给教育过程更大的自由度。比如现在小学一年语文不仅做了先认形后学拼音的变化，在容量上也做了调整，一年级上学期由41课时减少为32课时，一年级下学期由39课时减少到29课时，容量变化明显，基础教育各年段课程内容也都会相应减少。同时，对于学生品质形成、学习过程体验、综合能力提升等教育不可量化的因素更加关注。随着教育改革的深入，现有一些关键政策的调整，将为翻转课堂的实施提供更好的环境，这一改革模式定会焕发勃勃生机。

"教会"将会让学具失去教育生命

古希腊哲学家苏格拉底认为，教育就是把学生的内心引出来，

让他主动成为自己想成为的样子。

虽然教育已经由"教会"向"学会"转变，但教会孩子游泳，教会孩子打球，教会孩子处事，教会孩子语法、定律、公式、解题方法和写作方法等，这些年来我们一直采取的教育做法，在家庭教育、社会生活以及一张试卷决定升学的背景下，是具有现实意义的。因为"教会"能让学生考试得高分，"教会"也可帮助学生掌握社会规范并获得发展。但是，我们更应该看到，创新才是一个民族发展的动力。在未来世界发展中，没有创新的民族，就是没有希望的民族，新的时代要求教育回归其本真的追求，从学科本位向人本位转变，即教育要走向对人的关注，目标指向培养人生必备的品格和关键的能力。

在这一轮基于培养学生核心素养的教育改革中，应用工程技术的STEM课程，用智力游戏开发的益智课程以及课堂中的实验课程，它们共同的特点是强调教育工具的使用，目标指向培养学生的科学精神和创新能力。如果我们仍然以"教会"为主，那么课程和工具的价值都将荡然无存，而教育工具本身的价值不可估量。

案例一："合众美华"企业设计的课程"拯救机场口渴者"，学生从供水的形式（瓶装水、饮水机）开始探讨，重点放在水杯制作上。学生完全把自己定位在一个机场供水设计师的角色来完成任务，学生们一起探讨，从多角度分析材质（轻便、成本低、清洗方便、使用卫生、可重复使用），工程最后确定应该用纸杯。操作环节从实际制作和使用的角度研究杯的形状、大小（方便使用、节省空间、方便摆放、方便运输、节省开销、易回收、节约用水），方案确定后，小组合作开始制作水杯，看似简单，可各组做出来的还是不一样的，最后一个环节大家彼此交流，提出质疑。

这个项目是培养学生严谨的科学精神，理论联系实际，但如果这个过程是老师教着做的，课程就完全失去了促进学生思考、创新和增强实践体验的价值。

案例二：全国"十三五"教育部规划课题《益智课堂与思考力培养的实践研究》，课题研究主要就是把世界各国的游戏生产成器具，通过这些游戏器具，培养学生的思考力。如果是老师教会学生器具怎么玩、怎么用，器具使用得再熟练也不能体现出价值。《巧摆数字》是0到9十个数字，要求把九个数字摆在一个长方形的盒子中。课程最大的价值是学生根据盒子形状和数字图形进行观察、分析，发现对称性等特点，拿出思路后开始实验探索，并在探索和工具使用的过程中不断调整方案，一直到完成任务。

如果教师教学生怎么摆，学生很快都能学会，但这样做就等于放弃了培养学生思维的机会，学生也体验不到探索的乐趣，课程就完全失去了价值。

其实，无论是我们中小学的实验演示，还是父母为孩子购买的所有玩具、学具，其价值都重在探索过程，而不是结果。如果是老师、家长教会的，不管孩子操作得多么熟练，其教育资源、教育工具都

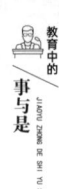

会失去应有的价值！

"入模"是为了"出模"

近些年来，在我国的教育改革中，很多学校在一定的教学思想或教学理论指导下建立起来的较为稳定的教学活动结构框架和活动程序，即教学模式。如洋思中学"先学后教、当堂训练"，杜郎口中学的"三三六自主学习"，等等。其模式突出的特点是对传统教学中的诟病发起挑战，充分体现了"以人文本"的教育理念，充分尊重了学生在学习过程中的主体地位。但随着改革的逐步深入，很多人开始否定教学模式改革成果，理由是"多元智能理论""因材施教"的教育理论支持的是"个性化教学"。而一所学校强调一种教学模式过于僵化，一种模式不能适用于所有学科，适应于所有学生，利用"模式化"教学会固化丰富多彩的课堂，不利于个性化人才的培养。

那么我们应该怎么做呢？哲学强调认识事物都要一分为二，对

于教育改革成果也一样。

现在，我国教育改革仍在路上，一是新教师成长需要有所遵循，教学也是要学会走路，然后才能奔跑；二是在一些老教师的思想意识中，传统的教学方式和思维习惯还根深蒂固，很多教师不愿意接受新的教学方式。用先进的教学模式，能给教师一个可操作程序，让教学模式转变师生的课堂思维方式与行为。当这种先进的教学模式变成师生的自觉行为时，师生的教与学过程就可随心所欲，教学活动就可超越模式，进而可使教师根据不同的知识、不同的学生、不同的课型，进行有效的整合，达到"无模"即"出模"境界。此时教师才真正拥有了个性化教学的能力，"个性化教学"才能得以实施。因此，我们在教育教学改革过程中初始的"入模"恰恰是为了最后的"出模"。

学科教学中研究性学习模式的建构

研究性学习，作为一种课程形式，是综合实践课程的一部分，在国家课程建构中有明确的要求，但在当前国家课程占绝对优势的环境下，要想培养身心健康、全面发展的未来型人才，我们还必须把研究性学习作为一种学习方式整合到每个学科的教学活动中。那么应如何操作呢？

研究性学习绝不仅是一种学习方式，更是一种理念，要运用好研究性学习，教师必须在观念上发生转变。

在研究性学习模式下，教材在一定程度上可以被看作是引导学生认识发展、生活学习、人格建构的一种范例。教材不是学生必须完全接受的对象和内容，而是引起学生认知、分析、理解事物并进行反思、批判和建构意义的中介，是案例或范例。因此，新课堂教学的模式，要求教材在一定的层面上是学生发展的"文化中介"，是师生进行对话的"话题"。师生进行教学活动的目的不仅是为了记住"话题"本身，更重要的是以话题为中介进行交往，获得发展。这个理念在语文、外语中尤为明确。

在研究性学习模式下，教学已不再是教与学的两步活动，而是以对话、交流、合作为基础的教师和学生共同的知识建构活动。师生在彼此平等、互相尊重、互相信任、真诚交往、共同探索真理、交流人生体验的氛围中进行教学活动。在这里，教师不再只是知识的传递者，而是一个主动的调适者、研究者和创造者；教师不再只是一个掌握真理的权威者，而是一个促进者、真理的追求者和探索者。在这个过程中，学生自主地学习。学生来到学校，坐在教室里，不是被动地接受知识，而是主动地进行知识的建构，通过自主的知识建构活动，学生的创造力、潜能、天赋等得以开发，情操受到陶冶，个性得到发展。

在研究性学习模式下，课堂已不再是 45 分钟。课前准备、课后整理都是这种教学方式下不可缺少的重要环节。同时教室已不是教师表演的舞台，而是师生之间的交往、互动的舞台；教室不再是对学生进行训练的场所，而是引导学生发展的空间；教室不是教师教学行为模式化运作的场所，而是教师在教育教学过程中智慧得以充分展现的空间；教室是师生从事知识建构与发展的实验室，不是单纯接受知识的"授课室"。

研究性学习方式，为人才的培养提供了一种最有效的途径，但这种方式能否恰当地发挥其应有的作用，还依赖于我们是否具有科学严谨的操作方法。

要使研究性学习方式与学科内容整合。学科的内容纷繁复杂，有字、词、句、章、基本概念、定义、公理、定理、定律等等，它们构成了庞大的学科课程体系。一个内容可以有不同的呈现方式，但这些方式中总会有更恰当的。因此，要实现研究性学习的培养目标，就必须把研究性学习与学科内容恰当地整合。当然这种整合不完全是方法适应内容，如有必要，也可能是重新调整内容的结构。

要使研究性学习方式与其他教学方式整合。一节课的内容，其实也都涵盖着不同要求、不同特点、不同层次的很多内容，有的运用讲授的方式比较适合，有的则使用实验的方式可能更恰当一些。大多数内容要求几种教学方式同时存在，因此教学时还必须把研究性学习方式和其他教学方式恰当地整合。当然这些教学方式也可能是相互渗透交叉的。

要使研究性学习方式和恰当的教学手段整合。教学过程往往可以使用不同的手段，手段的变化和更新，完全可以带来教育理念的变化，使一些新的理念得以实现。比如网络教学，它是在多媒体网络环境下进行的，教师教和学生学，都要充分利用计算机课件和网上资源，实现资源共享，充分调动师生的积极性，特别是学生的主体意识，优化教学过程和结构，使研究性学习方式有一个更广阔的空间。

要使研究性学习方式与教学对象整合。由于教学对象的年龄、生活环境、智力水平、文化背景等都不相同，这决定了同一内容对不同的群体和个体，产生的效果不同；由于认知的水平、心理年龄的特点、接受知识的能力、客观条件等不同，决定了在进行研究性学习过程中，它的操作过程、呈现方式都有一定的差异，否则就会导致形而上学思想的再现。

研究性学习方式的实施要符合人们的认识规律，即感性认识——理性认识——指导实践——解决问题。应该先从同学们能够看到的事实、得到的材料、实验的现象等入手，然后归纳、分析、整理，上升到理性认识。绝不能在理性指导下找现象，那样我们就又回到接受式学习方式上来了。

再先进的教育技术也取代不了

人类走过了农耕时代，走过了工业革命时代。有人说未来世界是智能时代，也有人说未来世界是概念时代，不管未来如何，现代的信息技术已经让整个世界发生了天翻地覆的变化。教育也一样，多媒体技术可以再现许多事物：宏大到宇宙，微观到质子、中子运动，都可以运用多媒体技术让我们肉眼就能看得见；远隔千山万水从未谋面的陌生人，通过信息技术也可以成为师生、学友。

万千的世界，都可以通过屏幕浓缩到课堂，但是再强大的技术也不能在教育过程中取代实体的工具。

信息技术为学生提供惟妙惟肖的模拟实验，鼠标一点，火柴就可点燃酒精灯，随之温度变化，化学反应开始，颜色发生变化，气泡产生，样样比真实的实验还清晰，看似实验效果很好，但学生除了记住几个死的知识和结论外，可能就再无别的收获。情感需要体验，技能需要实践，就像游泳一样，看再多次模拟录像也不能真正学会游泳。

信息技术为学生提供了便捷的学习方式，科技确实是第一生产力，但是学生不是普通意义上的产品，不能速成。学生的成长需要打磨，需要历练，需要慢生长，厚积才能薄发。

物理学科有几个实验，如果用光电门等电子产品，确实非常容易得到实验数据，得出实验结论。从获取实验结果的角度看，再好不过，但如果从成长的角度看，在学生的物理学科核心素养的培养方面，损失却难以弥补。实验教学要的不应该只是让学生得到结论，更重要的是在动手实验的过程中培养学生的思维能力、动手能力、合作能力和决策能力。因此，过于依赖信息技术可能会扼杀很好的教育契机和资源。

物理学科中有一节课"牛顿第二定律"，课堂上可以用气垫导轨和光电门做实验，这样学生很轻松就能得到规律，但是如果我们用普通的双滑轮长木板，不但一样可以得出结论，最可贵的是，实验过程本身就有很强的探究性，学生要研究测量哪些物理量，怎样测量数据，怎么分析数据，怎么用控制变量法分析推出结论，这些

甚至比实验结论本身更有价值。因此，不管科技怎么进步，孩子的成长一步都不能少，今天省略的过程，未来会用关键素养的缺失来偿还。

回望教育原点——对人的关注，人类成长的原点又在哪里呢？达尔文进化论认为人类是由古猿进化而来，那么又是什么使古猿变成智人的呢？

唯物主义者认为是工具使古猿变成智人，工具在人类智慧成长的过程中起着决定性的作用，那么，变得聪慧的人类也绝不应在教育中漠视这种作用。

孩子们走进实验室时兴奋非常，是因为他们即将用工具探索这个世界，陶醉于生活和大自然中，这是人本性的回归；心理健康教育走进沙盘时代，虽然只是一捧细砂，但它可让成年人泪流满面；小学数学课，0—9加减混算得某个数是学习的基础，当孩子们用翻板器具时，课堂效果增加了几倍；STEM 课程是学科融合的课程，是培养综合素质很好的课程，它的一个突出的特点就是让学生使用工具、创造工具。工具的使用不仅是乐趣，也是技能的培养，更是智慧的源泉。

教育是一个复杂的过程，世界上从来没有包治百病的灵丹妙药，办好教育也如此，多元的教育思想不是彼此取代而应是互相借鉴，教育的创新不是新旧更替，而是传承和发展。现在的信息技术，思维导图等现代化教育工具，与传统实体工具之间不应是对立的，而应该是互补、共生的。

好教师都应是课堂"麻烦"的制造者

韩愈说:"师者,所以传道授业解惑也。"新的课程改革又提出"教师应是课堂教学的引导者和参与者"。其实优秀的教师更应该成为课堂"麻烦"的制造者。

结构决定功能。目前,我国的基础教育建构,不论是课程结构,还是内容以及实施体系,都是按着学科中心搭建的,这种"学科中

心的课程体系"直接导致课堂教学与"人本中心课程体系"有不一样的表象。

现今的课堂，不论是常规教学还是教学比赛、教学观摩，即便加入创新的学习方式，好课的标准一般也都会包含以下几个要素，即课堂逻辑环环相扣，课堂形式完整无缺，课堂过程行云流水，最后也一定达成知识目标，高质量的课堂上还要总结出方法、规律。但是大自然的智慧，昭示我们课堂教学还应有更高的境界。在自然界，当黄河泛滥时，有人怪罪黄河的九曲十八弯，然而恰是这"九曲十八弯"才孕育了黄河两岸和黄河中的万物生灵。如果黄河从青藏高原直泻入海，黄河中也许什么生命都没有了。

我们的教育也情同此理，有人曾明确提出，教育就是"求曲"，在"曲"中才会有深入浅出，在"曲"中才会有刻骨铭心，在"曲"中才会碰撞出思想火花，在"曲"中才会激荡灵魂。

作为优秀教师，为了让学生有更多的收获，经历更多的磨砺和思变，一般都会在课堂上适时抛包袱、设障碍、挖陷阱，为课堂学习制造各种"麻烦"，"麻烦"解决的过程就是学生最有价值的成长过程。制造"麻烦"的优秀教师，还会带动一批学生大行此道，如果学生制造的"麻烦"，课堂上老师和学生都无法解决，课堂教育也就达到了最高境界。

今天的教师，心中不仅要有知识，更要有"人"。教师做的不只是传播知识，更应关注的是学生在学习过程中情感、态度、价值观等作为人终身发展品质的达成。

当前，国家在课程结构上不会有大的调整，因此，我们也可主动尝试在学科内进行项目式学习，开发学科内培养学生综合能力的人文或科技课程。当然，更多的教育机会是教师运用自身的智慧和艺术，适时的把正话反着说，把谬误当真理，把片面当全面，把偶然当必然，把表象当本质，给课堂制造各种"障碍和陷阱"。

其实，这就是育人的"求曲"，从知识的角度，就是学生该超越的高度，该厘清的困惑；从身心成长的角度，就是磨砺，就是体验，是心智成长必经的历练。

永不过时的课堂关注点

十年树木，百年树人。我国从 2001 年实施第八次课程改革开始，到如今国家发布新的课程改革方案，一直把培养学生的核心素养作为教育的目标，把立德树人作为教育的根本任务，学校教育有了很多变化。想要办好教育，在探索创新发展的过程中，我们就要时刻

关注教育必须坚守的本分。课堂教学是教学工作的主渠道,是实施素质教育、落实新课程理念的主阵地,课堂教学有千种变化,但一定有教育发展到什么时候都必须做好的点。

一、优化整合教材

在新课程的理念下,教材从某种意义上讲,是学生生成能力、建构素质的一个桥梁、范例,有些教材学习的目标早已经不是要求记住教材本身,而是要通过对教材的学习建构学生的素质。就像著名教师赵谦翔,利用"东方时空"的素材,一样培养出优秀的学生。

现在很多教师认为,新课程要求学生学习的科目在增加,教材的内容在增多,国家规定的课时远远不够,其实这种思想的根源在于没有真正把握新课程理念。在新的课程理念下,教材不是课程的全部内容,教师不是教教材,而是用教材教,也就是说,教材的内容并没有要求教师都要讲,有些学科的内容如果全讲,国家规定的课时再加一倍也可能讲不完,这就要求我们教师在实施新课程时,首先要对教材进行优化整合。

教材的优化整合不只是教材的取舍,也包括教材体系的重组。任何一套教材都有不足之处,其结构未必适应所有学生的认知规律,教师要学会具体问题具体分析。

二、优化整合课程资源

教材不等于课程,教学要和生活、生产实际结合,充分利用各种课程资源。

随着人类文明的进步和现代信息平台的广泛应用，围绕每一部分教学内容，都有很多的素材可以采纳和利用，但在有效的课时内，在明确的教学目标要求下，课程资源的选取不能漫无边际，我们要选取最恰当的。

例如，在高一语文学科的教学中，诗经《采薇》可以从重章叠句的写作手法对现代文化的影响之处拓展，也可以在后人对《采薇》的评说、诗歌中的意向等方面进行拓展，可拓展之处众多，我们在一节课中不能平等地运用每一处课程资源，要有轻有重，有收有放，这就要求教师要学会优化整合课程资源，呈现最优教学过程，进而实现教学目标。

三、优化整合教学手段

新课程理念既要求教学手段的更新，更要求教学手段的多样性。

在教学中需要创设教学环境，需要解决课堂容量大的问题，需要对宏观微观的形象进行模拟，现代的信息手段能够辅助我们完成这些教学任务，达成教育教学目标，但并不是没有现代信息技术手段就不能实施新课程，现代信息技术辅助教学也不总是最好的教学手段。

在给学生讲数学中的"空间几何体的表面积"时，我们年轻教师在教学设计的时候首先想到的是用电脑模拟多面体展开，从而归纳出各种多面体的表面积公式，但使用电脑向学生展示并不是最好的教学手段。在教学设计中，我们让学生每人在课前选择一个自己

感兴趣的空间几何体去动手制作，然后再进行课堂展示，探究表面积公式和规律，取得了电脑模拟无法达到的效果。因此，教学手段要因材而异，要优化整合，更要避免有些人提出的没有多媒体不能实施新课程的说法，也要避免上课离不开多媒体，甚至拿多媒体的模拟当实验验证的情形。

四、优化教学方法

实施新课程不等于就是课堂探究，新课程更要着眼于学生的发展，以学生发展为本。不同的课程、不同的学生，其方法也应该是不一样的，恰当就是最好的。

比如在物理教学中，可以把课程内容分成几种类型，探索不同课型的教学方法与学习方式。对物理学科理论性比较强的课型，比如分子的热运动、原子核结构等，可采用"导读自学法"。

这种方法就是把文科的教学方式引入物理教学，因为这种课程内容不是教师启发学生就可理解的，学生需要在教师的引导下阅读、分析教材，总结规律。这种教学方法不需要学生课前预习，可充分利用课堂上的时间，培养学生阅读、理性分析、归纳分类、概括总结等自学能力，这也正是未来人才最需要的基本素质。

其他学科也是如此，这正是，教学有法，教无定法。什么方法最恰当，需要我们根据具体问题进行优化选择。

五、优化课堂的问题

当课堂气氛沉闷时，老师总是抱怨学生不配合教学，其实每个学生都有展示自己的愿望，课堂气氛好坏的根本原因在老师。比如魏书生老师，不管面对什么样的学生，都会呈现出良好的课堂氛围。要想形成良好的课堂氛围，应做到以下几点。

一是要创设应有的情景。试想没有形成激昂的学习氛围，没有一点激情的铺垫，学生如何去慷慨激昂地谈《赤壁赋》。

二是设计提出问题的角度。高一英语教材中有一节"奥林匹克运动会"，一位教师在课堂提升拓展时问同学："我们国家该不该

申办奥运会？"这个问题确实是承办奥运会应该考虑的问题，但学生除了直接回答"YES 或 NO"，不知应该如何回答，问题太大了！如果改成"我们国家成功地申办了 2008 年奥运会，这会给我们国家带来什么？"这样的问题，学生回答的点就很多了，而且很多学生

都可以参与。

三是问题要有思考的价值而且难度适宜。不考虑学生的实际情况，问题提得过难或者过于简单，学生就会回答不上或不屑回答。教学中对提问这个环节的评价，不在于问了多少个问题，不在于学生回答的次数，关键在于问题是否调动了学生的深度思维，是否增加了学生思维参与度。因此，要想课堂高效，就必须设计好课堂的问题。

六、优化教学设计

不同的教学设计，会带来明显不同的教学效果，它是对教学的通盘考虑，更是教育者教学理念的集中体现。

在一次跨省级的重点中学教学交流活动中，有一节政治课"面对经济全球化"，两位同课异授的教师教学效果差别很大，其决定的因素就是教学设计完全不同。一位教师的教学设计，第一个环节是通过关于耐克球鞋在全球的生产和销售的资料感悟经济全球化；第二个环节是提供耐克球鞋生产销售的利润分成相关数据，其中每双鞋在市场上销售平均价格 100 美元，我国生产厂家的利润才不足2 美元，让学生深刻地认识经济全球化；第三个环节是从我国鞋业出口资料让学生学会应对经济全球化。另一位教师设计了四个环节，一是什么是经济全球化，二是经济全球化的原因，三是经济全球化的表现，四是经济全球化的影响。试想这两种设计，哪一种设计会在思想上给学生更大的触动，在内容理解上更深刻，哪一种能真正提高学生的能力，差距是非常明显的。这个事例向我们表明，每一节课都有很多授课方式，不同的教学设计效果会截然不同，因此，优化教学设计是实施新课程的关键。

实践新课程，我们确实会遇到各种问题，但是这些问题不是等待就可以解决的，我们应该用改革的思想积极思考，用踏实的行动智慧解决。

课堂教学宏观设计最关键

人们常说细节决定成败，但我更认为格局决定结局，不论是国家大事，还是生活中的小事，甚至微观到教师的一节课的成败，都是格局决定结局。教师准备一节课，如果备课时把主要精力放在课件怎么做，预设每个环节怎么应对，甚至上课时说的每一句话，这样的教师不会讲出来一节优秀的课。

优秀的课堂教学宏观设计是关键，教学设计是对教学的通盘考虑，更是教学者教学理念的集中体现，是师者的格局。

设计有宏观的框架，也要有课程推进核心的问题，比如高中英语课《Art》，课程中最后一个关键的环节就是让学生运用学到的知识进行互动，有的老师设计让学生回答大英博物馆都有哪些艺术珍品，这个问题学生回答时只要说单词就行了，无须组织语言，显然互动效果不会太好，最大的问题是，设计的问题学生也不感兴趣。而另外一个老师结合自己学校新建校舍的事，让同学们给校长提学校文化建设的建议，同学们各个兴趣盎然，不仅建议可借鉴，而且学生精心组织语言，流畅地进行表达，这节课堂效果更是远超出想象。

课堂的设计宏观是关键，但是也不能不考虑微观。就课堂提问来说，什么时间提问，提什么问题，提问谁，等等，有时也要有设计。我听过一节语文课，讲的是杜甫的《登高》。现在语文教学很强调学生的听、读环节。这节课老师设计了四个读诗的环节，先是老师示范读，然后是学生初读，梳理文字，再通读以及理解后有感情地读，这节课上得很精彩，但有一点遗憾，一直不能忘记。这个老师在课堂的初读环节就选择了班级朗读水平最高的学生，技惊四座。在后面的教学过程中，同学们不断领会诗歌的意境，同学们的感情也随课堂的进程而不断投入，但后面的同学不管怎么投入也再没有达到前面那个同学表现的高度，听完这节课未免让我感到一点失望，如果把这个同学安排到最后，一定会成为这节课的点睛之笔。

国家建设、教育发展的关键是顶层设计，我们教师工作也应如此，从个人的职业发展到学生成长以及学科教学，也应把设计作为关键环节。教师备课，首先应该研磨的是课程的宏观设计，然后才是添砖加瓦，这就是人们常说的方向比努力还重要，格局决定结局。

听评课上的一缕清风

在基层学校，听评课是非常重要的常规教研活动，很多专家同行共同研一节课，这是教师专业发展的难得的好机会。但多年来，很多教师都不愿意被听课。对被听课教师来说，往往得到的是领导、专家二分肯定八分批评，或是同行不敢深说、不想深说，评课时一片赞扬声音。从另外一个角度看，站在听课人的角度和认知去评价讲课者的课堂，也未必是客观的、准确的和成长需要的。

这些主观、客观的存在，让授课者对于批评的担心远胜于获得

指导的期待。对于听课人而言，如果没有明确的要求，也只是从旁观者的角度看看教师哪里好、哪里有毛病，自己的收获并不是很大。

最近有机会参加了第二届学习共同体全国教育峰会。学习共同体早已不是新鲜的事物，但要真正做好也并非易事。在这届峰会上，让人看到了一些可喜之处，最为可喜的是教师听评课重构。教师把听评课重点放在了课堂发生的事件上，放在了学生的变化上，放在了听课人的反思上。

可贵之处之一在于，听课教师关注的焦点是课堂上发生的事情，令人印象非常深刻的事情，促进观察者进行反思的重要事情；等等。

教师详细记录关键事件发生的过程，呈现出关键事件的证据，包括学生的身体姿态、语言、动作、表情，以及师生、生生间的互动或

对话和学生学习单的填写等。

点赞的理由是，听课教师记录的不是教学过程中的流水内容，而是课堂发生的重要事件。事件是教师教学具体成果的呈现，是真实发生了的，这相比记录教学流程是很大的进步，体现了对教师多元化、个性化教学的最大鼓励和包容。

可贵之处之二在于，对学生观察的重点包含学生心理是否健全，是否能够持续地安心学习，是否能够投入学习，采取的学习方法是否有效，是否有独特而精彩的观点，是否有超出意料的表现，等等。

点赞的理由是，从评价的角度进一步促进以学习者为中心，为不同层次、不同类型的受教育者提供个性化、多样化、高质量的教育服务，促进学习者主动学习，释放潜能，全面发展。

可贵之处之三在于，课后研讨的规则是由教师整理自己的记录单，然后四人一组（如果只是学校范围内听课，人少就不必有小组讨论了），轮流发表自己所观察到的内容，聚焦个体学生的学习事实，讲述学生学习发生的关键事件，阐明自己的发展与反思，尽量避免评价任课教师。

点赞的理由是，教育是对生命的尊重，当然也包括对教师生命的尊重。听评课时如果视角都盯在教师身上，不仅找错了对象，更是对教师的不尊重，看似对教师负责，其效果远不如谈学生的学习态度、学习方法、学习能力，以此促进授课者反思自己的教学，从而使听评课更为深刻、有效。尤其是研讨课、观摩课，听课教师阐

述自己的发现和思考，才是听课者的真正意义所在。

听课中尽量避免评价任课教师，而是把评价放在学生身上，这是教育改革的一缕清风，吹过的教育大地一定会形成不一样的教育生态。可能有人会担心青年教师的成长问题，很多人认为直接评价更有效。事情都不能绝对看，直接评价教师有其时效性，看教学的成果，看学生的变化，让授课教师和听课教师反思，更具有深刻性。

"约课"，听评课理念的颠覆

相传，大英图书馆年久失修，在异地建成了一个新馆，要搬书，很费钱。图书馆一馆员想了个办法，把书借出去，让读者在新馆还书。一个举措就为图书馆节省了很多钱。18世纪末，英国政府惊讶地发现，运往澳大利亚的犯人在船上的平均死亡率高达12%，其中有一艘船运送424个犯人，中途死亡158个，死亡率高达37%！政府为了改善这种状况，就安排人员配枪监管，并配备医生保健，过了一段时间，由于贿赂等原因，状况依旧。最后，英国政府不再派随行监督官员，不再配医配药，也不在船只离岸前支付运费，而是按照犯人到达澳大利亚的人数和体质来支付船长的运送费用，没想到情况马上发生了大幅的好转。

学校的管理也如此，很多工作只要角度略做改变，效果就会截然不同。新课程理念强调的是"以人为本"，在学校的教学管理中，"以人为本"不应单单指老师对学生，也应指向学校对每位老师。学校的很多工作，都需要老师带着情感去完成，这不是制度可约束的，因此，学校的教学管理首先应该考虑的是如何激发教师的积极性，而不是用冰冷的制度监督。听评课是教师专业发展、课堂质量监管最普遍的做法，也是最重要的举措，但这同时也是学校领导、专家与教师不和谐的一个原因，听评课呼唤更科学的方式，让其效能真正地发挥出来。

现实中听评课的形式有很多，比如研讨课、新秀课、样板课等等，这些典型示范课的目的是为大家提供学习范式，但这些课在学校并不占主导，每个学校对各级领导和教师都有听课数量的要求，学校领导的听课更多是以监管、检查、督促为目的的抽课、调课、推门课，这些课从管理的角度看似很严格，但实际每位教学领导和教师心里都清楚，这样的听评课对教师的业务提高作用并不大。因为教师没有经过反复琢磨，课堂上就可能出现很多问题，教师的反思就会缺少深度，领导、专家听课后如果批评、指导的语言不当，有时候还

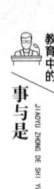

会让教师产生对立情绪，这不但没有达到督促的目的，结果还可能适得其反。

有的管理者觉得推门课、调课、抽查课是用突然检查的方式，让教师头上时刻悬着一把剑，时刻好好备课，好好上课。这样做有一定作用，但副作用也不小，从心理学的角度分析，教师天天处在情绪危机中，也上不出来好课，更难成为优秀教师。还有很多教师心里都明白，领导刚刚听完自己的课，学校那么多人，这学期领导、专家基本不会再听自己的课，所以靠推门课等提高管理质量，是极其不科学的。

以"约课"的方式推动教师备课，或许是破解传统听评课弊端的有效方式。

"约课"就是一个真正以人为本，颠覆原有理念的教学管理方式，即由原来领导、专家监管，逼着教师上好课，逼着教师业务提高，变为教师主动请专家来指导，教师主动提升业务水平。

"约课"未必是一个新名词，教学中也有人用过，但难得的是把"约课思想"坚定地锁定为学校听评课工作的核心思想，这个思想和推门课、抽查课、调课的指导思想是完全不同的两种教学管理思路。"约课"是教师主动约有经验的教师、专家、领导来听课。不用说教师的内心情感是完全不同的，其准备过程就是最难得的成长过程，一个年轻教师约领导、专家来听课，准备过程会下足功夫，这就是"约课"在教学管理中的核心价值所在。

"约课"这种教学管理方式，也可以是多种形式的，年轻教师主动约老教师、专家、领导来听课，也可主动约听老教师的课；领导也可预约某位教师，为了研究某项工作，也可约一批人去听课。其实各校开展的研讨课、新秀课、样板课，都是事先告知教师，给教师充分准备的机会，这也都属于"约课"的范围。一个约课的理念完全可以改变学校的所有听评课行为。有的人担心"约课"会助长教师的惰性，教师都不去约。其实，只要附加上学校的常规要求，对不同教师公布明确的约课数量就可破解。

在管理学中，组织的管理因素所构成的相关组织行为，能直接影响员工的工作质量。如工作条件、环境直接影响员工的身体健康；工作要求不同给员工带来的压力程度也不同；工作方式是否可以自主选择，这直接关系到教师的心情。员工在职业发展中受到重视和关注的鼓励感、希望感，成长需求的满足感和能力提升的成长感，

学校文化所形成的人际环境为员工带来的感受，包括同事间、团队间的信任感、支持感，团队成员的守诺，人际氛围的愉悦感，团队带来的自豪感，等等，这些都是提高员工工作质量的有效办法，每个学校领导者都大有可为之处，建立真正"以人为本"的学校管理制度，也是办现代教育心底的呼唤。

备课也该有新样态了

新的教育改革凸显的就是"人本"思想，即教育把对知识的关注转向对人的关注。要想这美好的愿望变成现实，不能只关注教育终端的对学生教育的"人本"，教育链条上的每个环节，都该体现"人本"，而这个链条上最重要的链接一定就是教师。

办好教育，一定要把人本思想首先体现在教师身上，我们提倡做有温度的教育，应该先让教师感受到教育的温度，这个温度不只是生活上嘘寒问暖，精神的关怀尊重，物质上的不断提高，最主要的是让教师做应该的、有效的工作，让符合规律、符合实际的教育行为真正发生。教师因有效而自觉而为，因认同而欣喜与学校同道。

备课是教师最基本的工作，是教师"备教批辅考"的首要任务。蛇有"七寸"，而备课就是学校教育的"七寸"。这个环节也是教师工作量最大、最重要的环节。几十年来的教育改革，看似我们做了很多努力，但其实质并没有什么变化，即便是最时髦的远程备课，也不过是把坐在一起变成分坐网络两端，除去信息技术的运用，对备课自身并无突破可言。

"线性备课"是相对同一个时间大家坐在一起"平面备课"而言的，"线性备课"不是在约定的同一时间大家上线集中备课，而是让备课在时间轴上随时发生，是"化有形为无形"。具体的形式就是，教师利用新媒体交流平台，将备课思想、问题处置在媒体上随即交流，研讨各自观点。当然，也不排除对于有些图形、实验等不便网上交流的内容，根据实际情况，聚集在一起研讨。在平台交流、研讨的基础上，由主备教师写出主案，留有空间给每位教师，做个性化补充、调整，称之为辅助案。这一方案，在新技术支撑下，使多年坐在一起的"平面备课"的方式可就此消失，让备课真正走进新时代。

线性备课，颠覆传统备课的操作方式，让备课随时发生。现今的社会日趋多元，丰富的进步成果，强大的信息渠道，让人的生活日趋碎片化，凡欲谋事者，都很难拥有大块时间，独立于世界之外

去专心一事一物。教师工作亦是如此，备课时间难统一，集体备课时间过长，教师有微词，这就是这些表象后面深度的客观成因。而线性备课，是随时发生的，这也是在顺应和尊重社会发展和自然规律。这种形式的备课，可以避免人云亦云、浅度思考和附和式的研讨，成为经过认真思考的深度备课。

线性备课，颠覆传统备课评价方式，让备课更科学。传统的备课质量，除了偶尔现场观摩，我们对备课质量的考核方式基本就是检查教案，但事实上，教案写得好坏与备课质量并不真正对等，线性备课完全可借助新媒体拥有的大数据统计功能，以数据化来考核备课质量，比如教师的发言次数、时间长短等。可能有的管理者担心教师能否参与进来，这是个问题，好的办法如果没有约束，教师也不会都积极而为，因此，学校可以制定制度，要求备课组长、主备教师的发言形式和时间等，教师全员参与，年轻教师没经验也可提问题、提供素材，备课全程留痕。新技术带来的是颠覆式的变化，在大数据支持下，备课管理将更加科学有效。

线性备课，突破传统备课时空局限，让集成创新走进微观教育。为了谋教育发展，促教育公平，各种大学区、教育联盟应运而生，共享课程资源是最基础也是最核心、必要的问题。跨校备课是大学区、教育联盟急待解决的一个核心问题，继续使用传统集中备课，或者集中远程备课，不说其效果，操作起来比在一校之内更难，线性备课就是破解此难题最好的办法，尤其对于教师人数较少的学科，比如美术、音乐、地理等，利用这种模式很容易集成区域资源。其实这种方式已经在大学区、教育联盟体内通过微信群、qq 群发生，我们管理者要做的就是把它制度化、规范化，在平台建设上开发出更专业的功能。

有人说教育是缺憾的艺术，改革也是如此，因此，我们不能只盯着改革的缺憾不放，而任由制约改革发展的事物存在。关于线性备课我们可能有很多担忧，但它一定可以和传统的集体备课互补，只要是真理，必然有可睹庐山真面目的那一天。

预习这一教学环节值得商榷

不论是过去还是实施新课程改革的现在，每逢学生请教学习方法的时候，多少年来，老师和专家们率先想到的可能就是课前做好预习，学生课前做了预习，上课有备无患，突出重点，还培养了学生自学能力。

新课程改革以来，很多教育工作者都把学生课前的预习作为学

习方式改革的一个突破口。从教育思想上看，让学生先自主学习，培养学生各种能力，感觉很有道理，但实际上以"预习"为背景的学习会发生吗？这样的教育改革真的有效吗？

　　有人说，对于批判的思想而言，有数据支撑的结论就是科学分

析，无数据支撑的结论就是"愤青感受"。十年前我对学校的实验班学生预习情况做过调查，即在常规教学状态下，老师上公开课除外，班级中偶尔进行自主预习的人数，每天都坚持预习部分科目的人数，每天坚持预习全部科目的人数在班级人数中所占的比例。这是在一个学有余力的优势群体中进行的调查，结果偶尔自主预习的学生占全班人数的4.9%，每天坚持预习部分科目的学生占全班人数的0%，每天坚持预习每个科目的学生占全班人数的0%。在动手写这篇文章的时候又对一所优质学校100名同学做了调查，除了老师明确要求，只有一名同学是偶尔自主预习，坚持每天、每科都预习的学生根本

没有。

所有一线老师，尤其是初高中老师，都可重复此调查，其结论如果不是老师明确布置任务，"预习"是不会发生的，相信结论不会有大的差异。因此，依靠学生课前预习提高课堂效率的改革是值得商榷的。

"预习"在真正的教育中是很难发生的。事物只要存在，就有其合理性，如果一个教育方式无法被教育对象自然接受，那一定存在着不合理性。其实，很多不合理性都显而易见，只是有的时候我们不愿意刺破改革中这个美丽的"肥皂泡"而掩耳盗铃。

我们试想一下，学生面对课堂上四十五分钟都很难全部解决的生涩内容，要自己不仅读懂，而且还要回答一些问题，提出一些问题，要耗去学生多少课余时间，每天至少六七个学科，这不只是牺牲学生课余时间的问题，这根本是一项不具备可操作性的改革。

"预习"之后学习效果好是个伪命题。如果从课堂效果来看，什么状态下才会呈现出一节好课，有教学经验的老师都知道，好的课堂一定能让学生面对一个又一个崭新的问题，让学生充满好奇心和求知的欲望，在互动、探索的过程中享受成功。如果学生在课前已经预习，就像我们在看一场已经知道结果的篮球赛，学生还会有看的欲望吗？很多优秀的教师，即使是上大型的公开课，最得意之处，都是出其不意，在新奇中创生的瞬间。

在教学中，专家、领导一定都看到过，通过课前预习，先学

后教，课堂上呈现的是学生热烈的交流、互动，教师点拨参与的场面，但这种做法应该多数在公开课中才可以看到。专家不妨再追问下去，学生课前准备这节课用多长时间，就会知道这些热烈的场面是哪来的。而且，场面热烈，并不等于学生的深度学习，因为深度学习需要思维碰撞、情感共鸣。好的课堂教学改革，就是向四十五分钟课堂要质量，而不是依靠课前、课后加时来保证质量。

预习这一教育环节值得商榷，但不是否定课前师生的课程准备。国家只为新课程提供了课程标准，对于教材，有些学科内容就是建构学生核心素养的桥梁，数据统计已经告诉我们，要求学生课前"预习"，学生根本做不到，即使有学生进行了"预习"，也只是偶尔的。但是可以换一种做法，让学生和老师共同"备课"，这样由学生参与的"备课"，备的内容一定是学生感兴趣的，是学生个性化的认识，这种创意下的课堂一定是鲜活的，学生备课的过程同样也一定是能力培养的过程。

不提倡学生用课余时间去预习，那学生课余时间该干什么？

教育要培养学生的核心素养就是必备品格和关键能力，而这样的素养只靠课堂是培养不出来的，情感需要体验，毅力需要磨炼，技能需要实践，真正有效的教育，必须打开学校与社会的壁垒，让学生去体验、去磨炼、去实践、去发展个性特长。

目前的教育现状，我们还摆脱不了对知识的记忆和对分数的追逐，那么，综合人脑科学，兼顾"质"和"量"以及教育的实践，打造鲜活的课堂，培养学生的综合能力，及时巩固复习，让知识掌握得更扎实，依托试题让能力在纸面上呈现，也是一个现实的、有益的选择。

课余学习时间的"一退四进"

　　教育是一个复杂而充满科技含量的事业，追求质量是教育不变的选择，但不同的质量观会让教育走上不同的道路。有一批反乌托邦精神控制的学校，用悲催的人生去感染学生，用"只要学不死就往死里学"的誓言激励学生，学生心无杂念，一心向学，学校也取得了一个又一个超越历史的高考新成绩。当然也有像北京二十二中孙维刚这样的老师，先教孩子怎么做人，进而创造了55%升入清华、北大的成功案例。今天不去谈质量观的对错，仅仅从提高学生的学业成绩上去思考，两个办法都达到了，这也说明了提高教育质量是有多种途径的。然而学生的学习不只是在学

校的事，课余时间同样是学习的重要组成部分。这些年来，学生的课余时间一直被忙不完的作业、无休止的补课所实际控制，还有被"先学后教"学习前置的预习要求所占用，但是效果却不佳。因此，探索学生更为科学合理地安排学习时间的问题，也是教育不可回避的一项课题。

一退："预习"这一教学环节应该退出教育舞台。

正如前面所提到的，不论过去，还是实施新课程改革的现在，每逢学生请教学习方法的时候，老师和专家们率先想到的可能就是要做好课前预习，因为如果学生课前进行了预习，上课就会有备无患，重点突点，还能提高学生的自学能力。

实际情况是否如此呢？

经调查发现，除了老师有明确要求，常规状态下，很少有学生能坚持每天、每科都预习。

从调查结果中可以初步得出结论：如果老师不布置预习任务，学生是不会去预习的。所有一线老师，都可重复此调查，相信结论不会有大的差异。

由此可见，不管是尊重事实还是追求效果，这一提倡了数年的、虚假繁荣的改革精品之作——课前预习，在现代的教育环境下，都是时候该退出教育的舞台了。那么课余时间学生应该怎么学习呢？

一进：课程资源准备进入学生课余时间。

预习退出学生的业余时间，但不是否定课前师生的课程准备。

未来的课程学习，如果能让孩子带着课程资源走进课堂，将会产生完全不同的学习效果，即学生不去触及教材，但可以围绕新课内容，让学生做适当的课程资源的准备，准备的可以是自己"固有的储备"，也可以是通过查找得到的，如果一节课一个同学准备一分钟的材料，全班的同学可能就会有四十五分钟的新内容共享，由学生参与"备课"，呈现出来的一定是学生感兴趣的、基于个性化认识的内容，这种创意下的课堂一定是鲜活的，而学生备课的过程也一定是能力提升的过程。

二进：每个学科作业前的五分钟反思进入课余时间中。

有人说，优秀人才是"反"出来的，就是这个道理，学生课余时间不要急于去完成作业，每科作业前都拿出五分钟，看看教材、看看笔记，把课堂的内容重新过一遍"电影"，重点的再强化一下理解，没太明白的再琢磨一下，学习的最高境界，不是听会也不是动手能解题，而是"悟"。每天的反思就是很好的"悟"的过程。低年级学生内容少，每天花一点时间给父母讲讲学到的内容，都是很好的办法。

三进：每个学科二十分钟周回顾进入课余时间中。

心理学有一项重要的研究成果，就是人的记忆曲线。德国心理学家艾宾浩斯研究发现，遗忘在学习之后立即开始，而且遗忘的进程并不是均匀的。最初遗忘速度很快，之后逐渐缓慢，这条曲线告诉人们，在学习中的遗忘是有规律的。学生在学习中自己也会感受到，

学得的知识在一天后，如果不抓紧复习，就只剩下原来的 25%，随着时间的推移，遗忘的速度开始减慢，遗忘的数量也会减少。有人做过一个实验，两组学生学习一段课文，甲组在学习后不复习，一天后记忆率 36%，一周后只剩 13%。乙组按艾宾浩斯记忆规律复习，一天后保持记忆率 98%，一周后保持 86%，乙组的记忆率明显高于甲组。

这个实验告诉我们，凡是理解了的知识，就能记得迅速、全面而牢固，死记硬背的结果是费力不讨好。强化记忆有一、二、四、七、十五天重要节点，现在学生学习的内容很多，无法在每个节点都重复，但抓住一天和一周是必须的和可操作的。

四进：单元梳理或月梳理进入学生课余时间。

单元梳理的过程可以把零碎的知识点，建构成知识体系，形成有逻辑的纲要，更便于记忆。更重要的是，学生梳理的过程就是对知识内涵理解的提升过程，也是学生由碎片化思维上升到逻辑思维的过程，是提升学生关键能力重要的过程。

目前的教育现状，我们还摆脱不了对知识的记忆和对分数的追逐，那么，综合人脑科学，兼顾"质"和"量"以及教育的实践，科学安排学生的课余学习时间，也是很有现实价值的尝试，明确提出学生课余时间"一退四进"，也应是破解一些教育乱象的一项有意义的尝试。

落实立德树人该从何处入手

新的课程和高考改革明确提出把立德树人作为教育的根本任务。新时代的基础教育必须坚持立德树人，把促进人的全面发展、适应未来社会需要，作为根本质量标准；必须强调面向全体学生，着力提高学生服务国家和人民的社会责任感、勇于探索的创新精神以及擅于解决问题的实际能力。

课堂教学永远是素质教育的主渠道，教学三维目标既是教学的

出发点，又是教学的归宿。因此立德树人根本任务的落实就必须从教学目标入手。

具体的、行之有效的办法就是把三维目标中的情感、态度、价值观放在首位。三维教学目标不是三个目标，而是一个问题的三个方面，它集中体现了新课程的基本理念，素质教育在学科课程中培养的基本途径，学生全面和谐发展、个性发展和终身发展的客观要求。这些年来，人们在设定知识与技能，过程与方法，情感、态度、价值观目标时，虽然没有主次之分，但还是可以感受到知识本位和学科中心的课程思想，在实施的过程中，人们还是把落实知识和技能目标，作为教学的第一要务。随着社会的发展和教育改革的深入，人们都在深刻地审视"为谁培养人、培养什么样的人和怎样培养人"三大教育母命题。

回归教育原点，回归对人本身的关注，已经成为人们的共识，成为教育的真命题。知识是人们知道什么，能力是人们能干什么，最后事情能否做成，知识和能力不是关键，关键在于态度，态度才是人发展的核心要素。知识、能力如果是车的两个轮子，态度就是发动机，如果发动机不启动，两个轮子就成了摆设。因此，在课堂教学中，把情感、态度、价值观放在首位，是人的发展必然的呼唤。

从课堂教学实践来看，很多知识就是培养能力、积淀情感的载体，牢记知识本身在互联网时代并没有太多意义，过程方法只是获取知识与能力的桥梁。而情感不仅指学习责任，更重要的是乐观的

生活态度、求实的科学态度、宽容的人生态度，以及兴趣、求知欲、美的追求、道德的体验、价值取向。这其中任意一点的提升和体验，对于孩子来说都是立足当下，着眼一生。

在课堂教学中，情感、态度、价值观目标的达成，也应是另外两个目标达成的生命之源。比如兴趣，它是学生的"学习之母"。没有兴趣学什么都不会深入，只有感兴趣，才会产生积极的情绪；为满足好奇心，学生就要看、要听、要想、要问，思维就会被激活。教师在教学时基本上都能做到精心设计教学，激发学生学习的兴趣，并在成功的体验中使学生的兴趣受到保护和激励。优秀的教师更是善于通过各种手段，找准教学的切入口，激发学生的求知欲，引导学生主动探索。这样，其他两个目标自然也就能随之达成。

没有情感的教育是没有灵魂的教育，没有情感的课堂是没有生命的课堂，没有情感的学习是没有效率的学习。因此，落实立德树人的根本任务，就必须先从课程目标入手，从认识到行动，切实把三维目标中的情感、态度、价值观目标放在第一位，这是落实"人本思想"的一个具体操守，也是育人线路的必然选择。

"听说读写"中它才是深度学习

在课堂教学中，人们常说的听说读写，看似是平行的四个环节，但细细品味，却有本质的不同，"听、读"多是外部知识向内"输入"的过程，而"说、写"多是由内向外"输出"的过程。"听"是通过听觉刺激输入，"读"是通过视觉刺激输入，"写"在表现为抄写、记录时，是通过视觉、触觉刺激输入，表现为写作时，则可视为一般输出。而说的过程或者课堂发言、表达的过程发生了什么呢？

理查德•费曼（1918 年—1988 年），美籍犹太裔物理学家，加州理工学院物理学教授，1965 年诺贝尔物理奖得主，被认为是爱因斯坦之后最睿智的理论物理学家。费曼认为"听、读、写"也包括动手操作有效性学习之后，知识还是碎片化的，只能算是零散的信息，只有进行二次加工，把所学的知识整理、沉淀、内化之后才能表达出来。知识整理、沉淀、内化是发言、表达的前提，这个过程的发生有效抑制机械式重复、死记硬背。在这个过程中学生要进行分析、评价，更要进行创新，这正是教育培养高阶思维的过程。尤其在发言过程中的举例说明，更能出现很多灵动、综合性的思考，因此准备过程和发言过程就是深度学习的过程。当然，这里说的表达不应该是学生站起来发言就可以，如果只是老师的一问和学生一答，或问题低台阶，师生亦步亦趋，则再热闹也是无用的。

实践是检验真理的唯一标准，这个命题的真实性，只挖掘一下自己的成长的体验就可以明白。每个成年人都当过学生，如果儿时的记忆已经模糊，成年后也一定参加过很多培训，在儿时学习以及长大后参加培训，什么样的问题让你记忆时间最长？哪个问题对你触动最大？哪个问题你觉得理解得最好？无可置疑，一定是你站起来发言的那个问题！

有人说某某人讲得好，其实，讲得好只是表现，它的背后真正的支撑是想得好，是想清楚了逻辑关系，是掌握了丰富的知识，是观点有创新……如果在课堂上表达好，一定有自己对相关知识的记忆，有对问题的深刻理解，也包含对知识的综合应用、学习方法的创新和学习结果的评价，等等，而整合这些要素，更需要人的关键

能力中的思考力。因此，回答每一个有价值的问题时，都是学生调动全部潜能的最深度学习。

美国缅因州的国家实验室研究发现，采取不同的学习方式，学习者两周后还能记住的内容（平均保持率）有巨大的差异，听讲能记住 5%，阅读 10%，试听 20%，演示 30%，讨论 50%，实践 75%，向他人讲授是保持率最高的一种，两周后高达 90%，课堂发言就是课堂教学中学生向别人讲授的过程，因此，"说"就是课堂深度学习的过程。

发言是学生深度学习的好办法，但每节课的课堂容量是有要求

的，时间也是有限的，因此，如何创设更多的发言机会，就是改革的一个关键点。

现在的教育改革中，很多人都在研究的"学习共同体"就是一个很好的办法，在同一时间段，同学们在不同的学习小组内都有机会表达，立体地利用了时间。当然这一思路是容易想到的，让深度学习在共同体内真正发生，还要依赖于学生长期培养的内在品质，以及爱思考、会倾听、善合作的学习习惯。

在自然中，所有动植物，向外生长最快的过程，都是体内生命活动最活跃的过程，学生发言、表达也是向外"输出"，因此，把"说"认定为深度学习，也应是这个理吧！

新课程理念下的课堂提问艺术

课堂提问从形式看只有设问、反问、疑问三种类型，是一种最普通的教学方法，但是对这一教学方法的运用却具有相当大的灵活性和很强的艺术性，是一门深奥的学问，是教师基本素质、学科内

涵和教学理念的外在体现，课堂提问的角度、深度、时间、对象，甚至语音、语调、神态都影响着提问的效果。

课堂提问决定的不只是一节课是否精彩，更关系到一节课的成败，但在教学中却被很多教师漠视，或运用得死板、单调、不恰当。那么，我们如何运用好提问艺术，让课堂变得鲜活呢？可以从以下几个方面入手。

第一，要重新审视提问的目的。

在新课程理念下的课堂，提出问题已经不是它主要的功能。通过提问达到发现问题的目的；通过提出问题、回答问题，培养学生创新思维习惯，锻炼表达、逻辑思维能力，甚至是激发学习兴趣，提高学习愿望；通过提问搭建师生互动的平台；等等，都可以看作是提问的功能。由此可见，提问的目的是为了实现新课程的三维目标。明白这一点，课堂教学才能因材施教，确定好提出的问题和问题呈现的方式。

第二，要强化"以学生为本"的思想基础。

新课程的基本理念就是"以人为本"，课堂提问、问题只是桥梁，终极目标是为了学生的发展，因此设计问题的出发点就是学生能得到什么，问题是否符合学生的知识基础和能力结构，学生是否会感兴趣。这就要求教师在设计实际问题时要想得更长远、更全面，在让学生理解问题本身的同时，更要关注学生在情感态度价值观、技能、过程方法上得到了什么。这就是说，课堂设计问题的基点是学生的基础和发展，而不是问题本身。要想有好的效果，就要求教师一定要把问题问得"新颖"，具有启发性，出乎学生的意料，能激起学生探究问题的愿望。新颖不只是内容方面，还有形式、角度等诸多方面。

第三，要丰富提问的形式。

从问题的厚度看，一问一答的教学形式在课堂教学中比较常见，这种简单机械的问答会使学生产生厌倦情绪，而且价值不高。因此，设计一些有容量的问题，调动学生思考的积极性是必要的。

要解决课程中的难点或重点问题，往往靠直接提问是解决不了的，这时需要设计一组问题，由浅入深，由易到难，调动学生的思维，从而完成教学任务。

从提问的方式看，可以提出问题马上让个别学生回答，这种方式的目的往往是想摸一下学生的底；提出问题马上让学生集体回答，一般是为了烘托气氛，产生共鸣；提出问题让学生思考后举手回答，是最常用的方式，一般是为了展示成果，完善、创新成果，进行典型示范；提出问题让学生思考后不用举手，直接有针对地找学生回答问题，除了有意识地锻炼这个学生的能力外，还有找出学生中真正存在的问题的目的；还可以提出问题思考后集体回答；提出问题思考后根据反映情况放下手再思考然后回答，这一方法不仅可以看出课堂的有效调控，更能使效果显著。

从提问的回应的方式看，可以是口答、表演、板书、动手做实验、

其他成果展示，一节好课，提问的角度、提问的方式、回应的方式绝不能千篇一律，要有变化，要多种方式穿插运用。

第四，要融入师生的情感。

学生是一个情感非常丰富的年轻群体，对情感的依赖要远超越对知识的渴望。老师慷慨激昂伴着古筝的朗诵"大江东去、浪淘尽——"会给学生带来无限的遐想，学生思想的火花自然会跟着老师燃烧。如果问题可以让学生从心里产生共鸣，他们就会投入更多的情感，课堂效果也自然理想。有些老师上课效果不好，总爱指责学生不配合，试想，平淡无味的说教有哪位学生愿意参与？因此，教师对于每一个提问都应该投入真情，以此换取学生的真情。

第五，要平等地对待每个学生。

学生作为一个学习个体，都有求知和受人尊重、被关注的需求，和谐的课堂就应该平等地对待每位学生。一花独放不是春，百花齐放春满园。

课堂提问要关注不同层次的学生，单从教学工作本身来讲，不同层次的学生对课堂教学都是有贡献的，学习优秀的学生可以为课堂提出示范和创新，学习困难一点的学生，在某个问题上也可能不乏奇思妙想，同时他们对问题的回答，也可能暴露一些学生中存在的共性问题，让老师更了解学生的困惑。

课堂提问还要关注教室的每个空间。很多老师在课堂上总爱提问固定的几个学生，总是提问前排的几个学生，这样无形在教室中就形成被遗忘的角落，长期这样，一些被忽视的学生不仅学习失去了兴趣，在人格成长上也会受到影响。课堂的问题总是有限的，更有效的方法是教师要始终用眼神和不同层次、不同空间的每个学生保持交流，让整个课堂在一个和谐的情感场下互动。

第六，要学会科学、艺术地评价。

对学生回答问题的评价是很重要的环节，评价的目的不只是为了被提问者，更应该把目标指向全体同学，评价尽量少用"很好""不对"这些判断性评价语言。我们都知道要用激励性评语，但也要把握分寸，合乎时宜。

老师可以采取象征性软评价的方法。比如有一位语文老师评价学生："你这个描述老师都禁不住想要说几句，可以吗？"在一节作文课上，给一个材料让学生写开头，老师看到一位学生的作文内容后评价："你的开头和老师自己准备的角度一样，但你说完，老师现在都不敢亮自己的作品了！"这两个评价并没有判断性语言，但学生已经深深体会到了老师发自内心的赞赏。由此可见，科学、艺术地评价对学生的影响会更大。

总之，教学有法，教无定法，课堂提问是课堂教学这个工程的神经传输系统，表面上虽然只有三种形式，但当它和教学诸多元素有机结合起来，就将是百花争艳，运用好这一最普通的教学方法，一定会有不寻常的教学效果。

"扶学"让课堂教学走上新高度

毛主席曾说过，除了沙漠，凡是有人群的地方，都有左中右，一万年以后也是这样。人们在处理事务的时候，也应该有"上中下"三策可选，很多时候没有谋得上策，下策、中策也得用之，更多见的是处理一个略微复杂的事务时，三策都会有所体现。课堂教学虽然只有四十分钟，但其每分钟、每个环节都需要教育的智慧。有人说教育是一门遗憾的艺术，这句话表达的深意就是，很多教师觉得"只

好这样处理"，但课后发现还有更好的策略，甚至体会到自己用的只是中策、下策。教学内容包罗万象，教学艺术丰富多彩，人们无法时时、事事谋得上策，但一定要知道谋取上策的正确方向。

"先扶后放"更接近教育的真谛。

"先扶后放"的道理来自于人类智慧的源泉——大自然，人类所有的智慧都源于此。在自然界中，规律具有普遍性，自然界、人类社会和人的思维在其运动变化和发展的过程中，都遵循其固有的规律，没有规律的物质运动是不存在的。人类的成长过程极其复杂，很多时候人类自己也看不清到底是哪根血管在为孩子的成长输送营养。一句谚语说得好：师傅领进门，修行在个人。"领"诠释了"扶"的过程，而"修"讲的就是在"放"的过程中的自我打磨。

自然界中的动物学本事如此，我们人类学技能也如此，课堂学习作为学生成长的重要途径，从哲学的视角看，也必然要遵循此道。因此，"先扶后放"更接近教育的真谛。

"导"是学的铺垫，"扶"见证学的升华。

从字面上看，"导"是带领、启发，"扶"是用手支持，使人、物不倒，另一个含义是用手使倒下的人或物立起来。因此，"导"在教学中是提出问题并对学生进行启发，这确实是目前课堂中的一个常态，而"扶"是学生经过激烈辨析和艰苦探索，出现了偏差或即将失败，在没有办法的时候，老师开始出手扶一下。"导"和"扶"哪个更能体现教学的精彩不言而喻。记得听过一节物理课，"动量

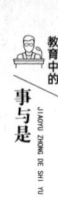

守恒定律"，这节课重点是通过研究、分析教材彩页图片得出规律。在这个关键的环节，教师抛出三个问题，一是要研究两个滑块的动量关系需要测量哪些物理量，二是这些物理量怎么测量，三是图片测量分析得到的结论是什么。在整个研究过程中教师完全退居身后，学生彼此辨析着确定要研究的物理量，每个物理量怎么在图中获取，整个过程老师"导"的过程只体现在提出问题的时刻，更多的是学生在独立思考，在和谐氛围中进行师生对话、生生对话，学生在各种信息碰撞中不仅深度认知，得出动量守恒定律，而且学会了分析。从学生发展的视角来评价本节课，看学生课堂的表情、眼神可以确定，学生的学习状态很积极，看学生对问题的讨论、辨析状态可以确定，课程已经引发了学生的深度思考。这节课无疑是一节好课，精彩之处就在于老师提出问题、创设研究氛围和条件之后，学生们实践、研讨、辨析，老师变成了学生中的一员，有时在学生学习过程中制造"麻烦"，有时完全隐到学生身后，让学生在求知中奋勇向前。老师在课堂上是学习伙伴，在学习过程中能和学生彼此"扶持"。

在课程改革的过程中流行一段让教育人高度认同的话，即传统教学是老师带着知识走向学生，新课程改革下的教学是老师带着学生走向知识。现在细细品读，按学生核心素养发展的培养目标去衡量，这句话有一定进步，但也不是最理想的教育。从课堂教学的角度看，真实的课堂上教师"教"和"导"都应该有，但最为精彩和最有价值的，是课堂上教师作为参与者，和学生并肩走向知识的过程，是师生间和生生间相互尊重、平等对话、协同合作、彼此激励、携手共进的过程，是教师能相对于学生"落后身位"，用技巧激励、驱动学生主动走向知识的过程。当然，从更深层的育人角度看，我们都应该更加清醒，获取知识不是中小学课堂教学的最终目的，书本上的知识，只是建构学生核心素养的桥梁和纽带，课堂的更高境界应该是老师和同学并肩通过学习知识的过程建构人生的必备品质和关键能力。

"导学案"应该升级为"扶学案"。

布鲁姆将教育目标划分为认知领域、情感领域和操作领域，这三个领域共同构成教育目标体系。认知领域的教育目标可以分为从低到高的六个层次：知道（知识）—领会（理解）—应用—分析—综合—评价，发展学习者的高阶思维能力的过程是发生高阶学习的过程，即主要体现出主动的、意图的、合作的、建构的、情景的五个特征。导的过程只是学习的前奏，不是学习过程的核心，核心应该是师生互动、生生互动，生生之间、师生之间相互扶持，突破学习上的困难，走向成功，而这个过程恰是"扶学"的过程。它应该是备课的核心、课堂的关键，"导学"只能算是这个过程的一个铺垫。

日本学者佐藤学先生将学习理解为学习者"与客观世界对话""与他人对话""与自我对话"三位一体的活动。倾听他人的声音是学习的出发点。古希腊哲学家苏格拉底说：教育是把孩子内

心引出来，让他主动、努力成为自己想成为的样子。深刻理解苏格拉底对教育的诠释，我们就该清楚，教师的教育活动只需把孩子的内心引出来。既不应是灌输知识，也不该是前边开路、引导。因此，教育不仅要打破独白式的教师主控状态，也应打破头雁式的教师牵引状态。

教学的实质是不断解决新问题。如果从问题的解决来看，"导学案"重在老师设计问题，引导、启发学生思维，"扶学案"重在互动、主动质疑、生成问题、破解问题。关注教学工作的角度不同，课堂教学的效果自然会大不相同。在学校教育中，我们不能杜绝"教"，"导"也必须存在，但我们一定要看到，生生之间、师生之间"扶持"才应该是教学的常态，这种"扶持"在课堂中已经广泛使用，我们欠缺的是把它作为教学的"上策"明确下来，更应该明确的是，课堂中时时刻刻着眼的看似是"扶持"，实则是将来的"放"，教师的任务是让学生课上学会"走路"，课下自己可以"前行"甚至"奔跑"。因此，"扶学案"会让课堂教学走上一个新的高度。

现在的教育特别强调真实，其根本原因是，真实的情景才会产生真实的问题，探讨真实问题才会产生科学的成果。教育的改革与发展也是如此，只有当人们不为传统所束缚，不被"专家"所左右，直面真实的教育问题，传承与创新相结合，教育才能走向繁荣，迎来兴盛的春天。

毕业年级学习方法指导

人们常说：人生虽然漫长，但关键的就是那几步，我们现在已经进入高三，马上要面临的高考，就是人生最关键的第一步，虽然我们已经苦读十一年，但行百里者半九十，我们依然任重而道远。哲学上有吃烧饼寓言，高三就是第五个烧饼，不管你过去有多努力，最后一年如果把握不好，你的一切心血都会付之东流，这一年不仅决定你学习的成败，更决定你人生的轨迹。

高三重要的不仅是学习方法，其实比学习方法还重要的还有两点：一是信心，二是目标。

那么信心是从哪来的呢？同学们一是要坚信天生我材必有用，这个社会也一定会有方寸空间属于你，不敢说在银河系永恒，但一定会有属于你的那片云彩。人生不求轰轰烈烈，但求无悔地走一回。每个学生都该有乐观主义精神和襟怀坦荡对自己的负责精神。二是相信人的潜能。高考的战场就像一场足球比赛，如果一上场你就认为一定能取得比赛的胜利，斗志旺盛，那么比赛中你就会感到体力充沛，甚至可以超水平发挥自己的技术，更何况偶然因素还很多，

以弱胜强，也不乏其例。反之，上场就信心不足，那怎么能取得比赛的胜利呢？高考复习也情同此理，要相信自己的潜能。有一个母亲救孩子的故事：一个母亲外出买菜回来，在马路的对面看到自己的孩子马上就要从五楼落下，她几个箭步冲过去接住了孩子，但之后再让她在那么短的时间内跑到楼下，她怎么都做不到了，这就是因为母亲的潜能被激发了。

再有就是目标，每个同学都要树立明确的目标。长远的，可能是一生的事业，近期的，就是一年后理想的大学。人的一生不能没有一个明确的目标和方向。目标与方向主导了我们一生的命运与成就。在一九五三年时，美国哈佛大学曾对当时的应届毕业生做过一次追踪研究，在这个研究中询问当时那些毕业生是否对未来有清楚明确的目标以及达成目标的书面计划，结果只有不到百分之三的学生有肯定的答复。而在二十年后，一九七三年时，再次访问了当年接受调查的毕业生，结果发现那些有明确目标及计划的百分之三的学生，在二十年后他们不论在事业成就、快乐及幸福程度上都高于其他的人。而且这百分之三的人的财富总和居然大于另外百分之九十七的所有学生的财富总和，这就是设定目标的力量。

一个明确的目标会激发你不竭的动力。也可能有的同学说，自己已经竭尽全力了。同学们跑过 1500 米吧，当最后冲刺的时候你感觉到你实在跑不动了，但很有可能前面的同学也是这样，就看谁能坚持到最后。

有信心、有目标，还应该有学习方法。

课堂上要认真听讲，积极思考、勤于动笔。上课要注意听讲，勤于思考，这是历年拿高分同学的经验，真正的优秀学生就是上课听课效果最好的学生。上课不听，课后自己研究，认为自己会了不用听，这样的学生不会太出色。但听课也要讲究方法，听一道题可以联想到很多问题，边听边归纳总结。对有价值的或者没理解好的分别做出记号，以备课后及时解决，再次复习时使用，问题一定当天解决。有人说高三复习最后要回归教材，我认为非常不妥，物理三本教材，最后你能看到什么呢？我认为，最后能看的就是老师给你整理的内容，因此，大家上课要记好笔记。此外，还要勤于动笔，很多知识只有自己亲自动脑、动笔，亲自完成，才能真正地掌握。

课下要注重"反思——回头看"。人脑科学研究告诉我们，人的记忆是有科学曲线的，日复习周回顾，一个月后掌握的知识能记

住 60% ~ 70%，但课后不复习，即便课听得很好，一个月后剩下的知识也只有 20% ~ 30%。学习最重要的是复习巩固，先把今天学的东西捋一遍，整理思路，理解不好的再看看，也可以请教同学、老师，简单的题目，觉得会了，但也一定要亲自动手算一遍，同时还要注意过一段时间一定要回头看看，最低要求也得单元完成之后回头整理一下，以后讲后边的也要时常回头看看过去的内容。

训练要定时，有计划。高三复习要分单元复习，重在打好基础，二轮专题复习重在提高能力，三轮综合复习全面提高，查缺补漏。在复习过程中，学生要有每天的计划，最后二十天自己要有归纳总结的计划。我重点要说的是同学们每天的计划。每天在做作业前要先想一下，今天要完成多少任务，先做什么，每科多长时间，这个时间内必须完成，不能拖；另外，同学们要重视定时训练和针对考题或内容的微格训练，从进入高三就要习惯，保证答题的速度和质量。

内容上要注意关键点。其实高考也是有规律的，老师会帮助你分析每年的考点，自己也应该心中有数，重视自己平时不太在意但容易得分的地方。

时间上要分配好，高三也要有张有弛。大家要劳逸结合，反对每天学到太晚，一定保证第二天精力充沛，从学校的角度，也不能不让学生休息，几周不回家，那是培养不出尖子生的。

学习没有捷径，学习也没有固定的方法，适合你的就是最好的，天道酬勤，只要同学们踏踏实实地努力，一定会有美好的未来。

中考、高考最后 20 天，学生到底该回归哪里？

"临近高考最后 20 天，学生要回归课本，回归基础。"这句话已经说了几十年了，现在的高考指导专家还在说。但专家自己在中考、高考的时候是这么做的吗？

20 天的时间，回归基本六册厚厚的教材，满眼都是再普通不过的公式，再熟悉不过的例题。20 天还能重新提炼出真金吗？需 10 年积淀的基础，怎么回归，回归到哪一年去？这些疑问至今没有找

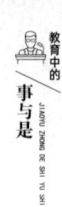

到让人满意、信服的解答。

方向比努力更重要，回归课本、回归基础的说法如果不能让学子信服，那就不妨回归学生的本心。

作为从事多年高中教育的管理者，在高考前的最后 20 天，我自己的本心是：

一是回归高频考点。平时的复习更多照顾知识面，最后宝贵的时间自然要用在刀刃上，这个刀刃就是高频考点，我们可以不相信某专家压题，但统计学却是真正的科学。

二是回归知识盲点。临考前不管是学校还是上一级部门，都会出一套查缺补漏的试题，目的就在于复习有些较偏的知识点，平时复习时没有进行过多的关注，但不等于就绝对不考。可以不让学生投入过多的精力，但也不能随意放弃，因为针对这些偏冷的知识点，出题一般不会太难，只要稍加复习，就能够取得分数。

三是回归易出错点。进行各科复习时，准备纠错本是个不错的办法。学生没有时间把所有习题都重新复习一遍，但可依托纠错本，总结概括出错题的基本原因，找出每部分知识的具体错因。

四是回归社会热点。每年高考政治学科都有时事政治，语文的作文一般也都涉及这一年的社会热点问题，其他学科也有很多与现实结合的试题，把这些热点问题做到心中有数，远比重回课本大海捞针管用得多。

五是每科最后都回归一张备考提示单。在考前，考生每科都要总结出一张考试提示单，上面应该有自己记不准的重要公式、各种典型题的解题思路、自己在该学科中常犯的错误和关键问题的提示以及考场积极心理的暗示。最后两天，所有资料都该入库，只有考试提示单伴随左右。

对于学生而言，个性上是有很大差异的，考前20天不要在意别人说什么，更应在意自己想做什么，想做的就是需要的。因此，学生在考前20天，最应该回归的是自己的本心。

赢在考场的心态、技术和ABC试题调控法

当学生走入考场，一个时代的努力，就将定格。学生要做的就是正常发挥自己的水平，甚至超水平发挥。考试是对知识和能力的检测，而考试本身也是一项综合技术，现在很多专家都在为应对考试出谋划策，且众说纷纭，作为多年从事考试指导的教育工作者，

我对即将迈入高考考场的学子们也提三点关键的意见。

第一，要有三种心态。

心态是决定学生考场水平发挥的关键。不同的心态对高考影响绝不是十分、二十分的事，甚至可以左右考试的成败。好的心态，不是强调重要就可获得的，而是来源于对考场上一些现象的客观"悦纳"。

一是试题简单不要盲目乐观，试题较难也不要悲观失望。因为机会和困难大家都是均等的，决定你考什么样大学的，不是绝对分数，而是你在全省的相对名次，各批次录取线每年都会随着试题难易而上下浮动。

二是第一眼看到试题感觉陌生，这是正常现象。因为中考、高考题大都是原创题，但是万变不离其宗，都会在平时学习的知识中找到突破点，很多学生看到试题大脑一片空白，很大程度是由于心里对困难估计不足。

三是遇到熟悉的试题，一定要加倍小心。因为中考、高考试题往往和平时做过的题有些不同,切记不能让惯性思维左右你的思路，把送的分丢掉。

第二，要掌握三个技术。

一是拿到试卷后，只要看看试卷页数是否全、有无破损即可，千万不要浏览整个试卷。有很多专家都建议见到试卷后，先浏览试卷，这个观点我非常不赞成。所谓追求心中有数，导致的却是心烦意乱。比如你先看到作文题目，你在答题过程中一直会想这个题目，尤其各科最后的大题一定是你没见过的,如果答题前就浏览,会心生恐慌,一定会影响答题的思路。

二是在答题顺序上,高考一般先答必修题,然后答选修题,最后是答二卷。二卷优秀的学生可以按试卷的顺序答,其他学生可以按自己擅长的内容顺次答题,中考按着题的顺序答最好,因为中考题基本按难度排序。

三是理科试题不能浏览,要默读。浏览容易使眼睛跟着惯性思维走,尤其是简单试题、熟悉试题,坚决避免粗心大意和惯性思维。有时文字很多的理科题,原理却很简单,因此要潜心去阅读。

第三,ABC 试题调控法。

时间分配是考场决胜的第一要务,如果时间安排得不合理,有些题没时间看,这就是考场上的最大失败。中考、高考题量都是很大的,尤其是高考,时间一定很紧张,要有足够的思想准备,并定好科学的应对策略。

答题时要学会暂时放弃一些试题,答对 70% 就能考上一本,大多数同学不可能所有题都会,一定不能因只抠几道试题而造成后面的试题没时间看。一般来说,一分钟没有思路的题就该暂时放下,做后面的题。在时间控制上,可看表,但不能掐着时间做每道题,那样太分散注意力,一般来说,考前都已经做了大量的模拟训练和对时训练,学生只需按比平时略快的进度答题就好,

答题布局上,采取 ABC 试题调控法,即在练习纸上把已经做上但没把握的题标记为 A;看题后,有思路但还没想好的题标记为 B;

没思路的题标记为 C。整个试卷做完后，尖子生回头做的顺序是 B—C—A，确保题全部完成，拿到高分。中等生回补的顺序是 B—A—C，在确保拿到基础分的前提下，最难的 C 题，也争取拿到个别问题的分数。底子薄弱的学生回补顺序是 B—A，确保稳稳拿到基础分，C 可以放弃，绝对不能贪多，超越自己的能力，得不偿失。

利用好 ABC 试题调控法，一是能够保障学生科学完成试卷，发挥出实际水平；二是第一遍完成后，回头看的任务非常明确，能够合理地利用考场上所有时间。中考、高考检测的是学生的硬实力，而备考技术就是学生的软实力，只要"软硬"兼备，定会赢在考场。

杂谈管理

1560 年，瑞士钟表匠布克在游览金字塔时，做出了一个石破天惊的推断。他认为金字塔是由有自由身份的农工和手工者建造的，而不是奴隶所为。很长的时间，这个推论都被当作一个笑料。然而，四百多年年之后，即 2003 年，埃及最高文物委员会宣布：通过对吉萨附近 600 处墓葬的发掘考证，金字塔是由当地具有自由身份的农民和手工业者建造的，而非希罗多德在《历史》中所记载——由 30 万奴隶所建造。

布克原是法国的一名天主教信徒，1536 年，因反对罗马教廷的刻板教规，锒铛入狱。由于他是一位钟表制作大师，囚禁期间，被安排制作钟表。在那个失去自由的地方，布克发现无论狱方采取什么高压手段，自己都不能制作出日误差低于 1/10 秒的钟表；而在入狱之前，在自家的作坊里，布克能轻松制造出误差低于 1/100 秒的钟表。为什么会出现这种情况呢？布克苦苦思索。

起先，布克以为是制造钟表的环境太差，后来布克越狱逃跑，又过上了自由的生活。在更糟糕的环境里，布克制造钟表的水准，竟然奇迹般地恢复了。此时，布克才发现，真正影响钟表准确度的不是环境，而是制作钟表时的心情。

在布克的资料中，多玛斯发现了这样两段话："一个钟表匠在不满和愤懑中，要想圆满地完成制作钟表的 1200 道工序是不可能的；在对抗和憎恨中，要精确地磨锉出一块钟表所需要的 254 个零件，

更是比登天还难。"

正因为如此，布克才能大胆推断："金字塔这么浩大的工程，被建造得那么精细，各个环节被衔接得那么天衣无缝，建造者必定是一批怀有虔诚之心的自由人。难以想象，一群有懈怠行为和对抗思想的奴隶，绝不可能让金字塔的巨石之间连一片小小的刀片都插不进去。"

布克后来成为瑞士钟表业的奠基人与开创者。瑞士到现在仍然保持着布克的制表理念：不与那些强制工人工作或克扣工人工资的外国企业联合。他们认为那样的企业永远也造不出瑞士表。

也就是说：在过分指导和严格监管的地方，别指望有奇迹发生，因为人的能力，唯有在身心和谐的情况下，才能发挥到最佳水平。

来自《中外文史》2015 年第 4 期

编者按：教育是灵魂与灵魂的对话，它不像管理工厂，对工人每天的工作能够量化，也不像部队，是以服从命令为天职。教育是一项叩问良心的职业，很多地方制度无能为力，因此，这份事业更需要一种无形的力量，那就是"场"。在现代管理中，应注重大制度，少言小规矩，精细化管理是工业时代的产物，现在社会已经进入了概念时代，社会更需要的是人的创意，人的主观意识在社会发展中作用越来越大，增强员工的幸福指数，就是学校治理中的一个大制度，它一定可替代很多小规矩，还可在规矩干预不到的空间发挥着积极的作用，促进学校的可持续发展。

学校管理更需要"场"的力量

　　教育是灵魂与灵魂的对话，是一项叩问良心的职业，教育无法完全依靠制度管理，所以这份事业更需要一种无形的力量——"场"。

　　"场源"可以是学校校长。

　　在文艺作品中，老虎出场都要刮起一阵大风，百兽静默，这种渲染就是为了凸显兽中之王的"场"。其实在人的群体中这种"场"更是普遍存在的，尤其在几千年来一直崇尚"皇权"的东方民族中更为突出。随着社会的进步，人类的认知更为成熟，但这种游离在法律、制度之外的管理力量仍然根深蒂固地存在着。一样的工作，具有不同"场"的领导安排，结果各异。有的领导，只要点到，甚至不用布置工作，下属就积极、主动、创造性地去完成；有的领导，就算是反复强调，仍然无法落实。这背后可能有多种原因，但其中一个重要因素就是领导的"场"。这个"场"可能是"威"、是"信"、是"敬"、是"情"。这个场主要不是来自来权力，而是来自领导者的素养，即学识、性格、品德、气质以及领导者的业绩。

　　在学校的工作中，这种"场"会在制度管不到的地方发挥作用。

制度可以检查老师是否守时、守纪，但是不能保证老师尚学、上进，制度可以控制教学进度，但是不能控制老师的讲课风格。领导者的"场"却可以影响这些制度之外的事物。"楚王好细腰，宫中多饿

死"，这句话用于现代集体管理有些偏激，但偏激有偏激的"深刻"；还如，一节课老师用多大心思备课、上课，班主任投入多大精力育人，这些都是学校制度无能为力的地方，但可能就是学校领导者的"威"让教师不敢怠慢，领导者的"信"让他羞于怠慢，对领导者的"情"不能怠慢，对领导者的"敬"不会怠慢。

"场源"可以是学校文化。

学校的文化，一般包括教育的理想或追求，对学校功能及其社会责任的理解，对人性的理解，对学习、工作的态度，对集体的看法。

著名校长卢志文曾说，文化，在制度管不着的地方起作用。目前，各地在校园文化建设中，已经从过去浅层的物质文化、中层的制度文化建设，发展到了摸索和实施深层的精神文化建设。而形成"场"的更多的是精神文化。制度是团队坚韧的构架，但离开文化的润泽，却极易成为一口越补越漏的锅。

文化，在制度管不着的地方起作用，在制度止步的地方掘进，它会把"团队精神"渗透到管理者意想不到的每一个细节中。文化是柔性的，是无边界的，大多做"正面清单"，常常倡导哪些应该做。文化没有强制性，强调感染力，是内源性的，是"我要做"。这种"渗透性，柔性，感染性"就是学校文化的"场"，有了这样的"场"，教师有了精神的"家园"，有了无须督促的"自觉"，有了告慰良心的"努力"。

"场源"可以是教师。

我国的教育古训就说，"亲其师，效其行，听其言，信其道"，一个阳光向上的班主任，他的班级一定朝气蓬勃；一个自信有抱负的班主任，他的学生也会壮志凌云；一个拥有强大"威、信、敬、情""场"力的老师，事业成功就是"水到渠成"的事情。老师的"场"不仅影响学生当下，甚至"影响"学生的一生，学生一生去做什么，怎么做事，虽然老师已不在身边，但老师的"场"还会继续辐射能量。

当"场"在学校的管理中发挥作用时，教育就会变得有"温度"，教育就真正成为有"生命"的教育。

用好时代发展新密码

　　20 世纪人类的一大发明是国民生产总值核算体系，即 GDP。人类第一次用比较科学的方法，来评估一个国家、一个地区的财富状况。但后来人们发现，这种方法也存在认识的、知识的、信息的不完全性。2011 年 7 月 19 日，联合国开始呼吁成员国推进幸福感建设，在对社会发展和经济发展的推进和评估中进一步突出幸福感的重要性。2012 年 4 月 2 日，联合国总部在纽约召开了世界幸福感经济会议，各国高官和学者出席了会议，会议提出：以"幸福感指数"（GNH）取代人均国民生产总值（GNP）来显示社会物质充实度，来反映社会发展及繁荣问题。GNH 的提出堪称 21 世纪人类衡量财富指标体系的又一次伟大发明和进步，因为国富是为了民乐，GNP 只能衡量国富，GNH 不仅含有国富，还体现社会文明的进步。联合国前秘书长潘基文曾说过，社会的可持续发展与幸福是密不可分的。

　　社会发展如此，学校教育作为社会事业的重要组成部分，想要可持续发展也必遵循此道。尤其现在，在学校的发展中还存在着经济激励手段不够灵活，制度手段缺少实施的保障，教育突破性创新艰难等问题，因此，增加教师的"幸福感指数"就成为促进学校发展的一个有效的新密码。

幸福会让教师更健康。教师是一份需要技术、需要艺术、需要创新的职业，教师的职业是叩问良心、工作时间以外仍需努力的职业，是一个具有创造性又依赖良心的工作，但同时，也是被分数折磨的职业。中小学教师在这重重压力下，很多都处于亚健康状态，学校因教师病假安排代课已经成为一个大难题。医学上讲，如果人常年处于慢性压抑之下，会使血液中葡萄糖和脂肪酸升高，胆固醇水平上升，引发各种疾病。办优质学校，健康的教师队伍和高水平的教师队伍同样重要，因此，学校校长在可以控制的范围内，要想方设法切实增强教师的幸福指数。

幸福感会让教师工作效率提高。格略集团心理管理研究院与交通银行就"交通银行幸福企业建设"展开了深入的研究与实践。经过系统调研、建模、分析，以及交通银行近10万人大样本验证后，得出如下结论：组织绩效受组织管理行为和员工心理感受（幸福感）的影响。员工心理感受（幸福感）是组织管理行为和员工胜任能力共同作用的结果。员工胜任能力对组织绩效的直接影响很小，员工心理感受（幸福感）对组织绩效作用更加明显。学校的工作，看似都有明确的工作任务，但工作的弹性是任何职业都不具备的，因此，教师工作的心理感受（幸福感）对绩效几乎起到的是绝对作用。调查结果还显示，幸福的员工工作更有活力，更敬业，幸福的组织更

具凝聚力和竞争力。

由此可见，要促进教育的可持续发展，增加教师的幸福指数是有效的新密码。当然，破解这个密码，要同时关注教师收入，但收入不是唯一也不是最重要的因素。积极心理学研究的结果显示，人的幸福指数主要来源于精神层面，而不是物质。

学校管理中，组织的管理因素所构成的相关组织行为，直接影响员工的幸福感受。如工作条件、环境直接影响员工的身体健康；工作要求不同给员工带来的压力程度也不同；工作方式是否可以自主选择直接影响教师的心情。增强教师的幸福指数，就是学校治理中重要的制度，它一定可替代很多小规矩，还可在规矩干预不到的空间发挥着积极的作用，促进学校的可持续发展。

学校稳步发展从权力结构调整开始
——校长负责制下的民主制度建设

结构决定功能，当自然界所有物质微化到质子、中子、电子层面，地面上的黑土、高山上的树木，包括我们人类自己，并没有什么区别，但原子核结构不同，它们的功能也就完全不同，就构成了我们现在不同的万千世界。

校长负责制下的民主学校的建设，是学校治理的美好愿望，也是学校发展的理性回归，但真正的民主校园，不是只有愿望就可以，也不是说有理想和境界的校长就一定会民主。要想确保真正的民主，就需要改变学校的管理结构，不同的结构才会有完全不同的功能，改变现有的学校权力结构，才能确保民主校园的真正存在。

一个好校长，就是一所好学校，这一点毋庸置疑，不过一个校长要毁掉一所学校，也仅仅是几年而已。校长负责制，确保了学校政出一处，校长教学理念顺利得到落实，但这也是教育最大的风险，当一个校长的教育认知不够科学，或者有功利的私心，就可能带着全校在错误的道路上疯奔，校内没有可制约的刹车，可能只有校长

摔倒、学校翻车才会停下脚步。

学校成立"众议校委会",可以让学校运行得更加平稳。这一机构将在党委指导下,在工会直接组织下运行,是不受行政干预的自由民意代表机构。"众议校委会"与学校的一些学术委员会的区别在于,这一组织不是提建议和研究事,而是通过投票定事;和学校现有的群众组织的区别在于,"众议校委会"的产生完全民选,投票真正独立。

机构的形成:民意代表必须由两个党员或两个高级教师推荐,确保代表的觉悟和素质。在民意代表的基础上进行自由投票,选出"众议校委会"委员。"众议校委会"委员的人数可根据学校规模确定。

机构的使用:校长(也可以是副校长)提出的任何重大工程项目,学校教育教学中重大的改革,首先由学校班子研究通过,通过之后形成标准化"议案",此议案由提出的校长或副校长向"众议校委会"委员解读并接受质询,然后在不受任何行政干预的前提下无记名投票,群众当场监督投票结果,票数不能通过规定数量,议案直接否决。对于否决的项目,提案部门可选择放弃或进一步修改,只有修改到"众议校委会"通过方能执行。

机构的效能:此项改革建立的是校长领导下的行政班子与书记指导、工会组织下的"众议校委会"并行的新的决策结构,有效控制领导班子及校长的行政权力,避免权力失控和膨胀。此项改革的另外一个优点是，没有民意的改革，"众议校委会"会在启动前"票停"，真正避免没有群众基础的改革，避免校长的"拍脑门工程""虚假工程""形象工程""自娱自乐工程"。

为避免学校的决策因此受到个别有极端思想的职工的影响，"众议校委会"成员需由党员和高级教师推荐才有资格参选，这样基本可以保证代表的正能量。其实，个别人极端的思想，在政策实施前出现，既是提前警示，也会让方案更为周全。更何况，在管理学中，成事不只是做正确的事就可以，还需要在正确的时间、正确的对象面前来实施。如果正确的改革方案被众议后"票停"，可能是时间或者对象不适合，这恰恰说明学校建立众议机制的必要。

有人认为"众议校委会"可能会约束校长的权力，其实每一项教育都不是一蹴而就的，成就教育事业也离不开天时、地利、人和，得不到群众支持的改革，一般来说不做会好。另外，作为一名校长，组织赋予的权力不是权威，做成事才是权威的基石。

国家改革已经进入了深水区，国家面对的是机构，学校改革进入了深水区，其实也是在改结构，在深度教学思想上，从学科本位向人本位改变；在课程上，从学科课程向融合课程转变；在学校治理上，自然也该从校长负责制，向更加民主化的权力"双轨制"转变。

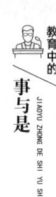

过度强化评价会让教育离本真更远

　　教育评价的现实体现基本就是身边熟知的制度和标准。今天的教育关注评价，孩子成长从咿呀学语到升学考研，教师发展从教育教学工作到自身专业成长，教育改革从基层学校的一门课程到国家

顶层设计，很多人把教育的希望聚焦在评价上。关于评价言之凿凿：教育评价是教育科学，是教育事业发展的动力和指挥棒。俗语也有"没有规矩不成方圆"之说，然而还有"求真未必真，无为胜有为"这样更深刻的道理。没有规矩不成方圆，但方圆并不是最完美的图形，

天造地设的原型之美可能更精彩。社会发展需要制度的保障，但管理上绝不该是依赖更多的制度，而应是人类高尚的觉悟，教育作为社会事业的一部分自然也该如此。

要引导孩子自小树立正确的世界观、人生观、价值观，培养他们形成坚毅、自信、担当、乐观、自律的性格，建立起心中的真、善、美的标准，让孩子有丰富的兴趣爱好、积极的情感，这样的孩子在学习中就会有明确的目标、健康的情感，在成长的道路上就一定能够攻坚克难、百折不回。这些来自内心的觉醒与渴望，一定会成就孩子学习上的优秀，这样的孩子长大后也一定会有自己的信仰和事业追求，能在人生道路上披荆斩棘，成就事业的辉煌。

评价对学生而言，如果是靠老师的赞美、手中的小红花激起学习的热情，成长过程靠优秀学生、三好学生、能手、标兵等留痕记录掘取成长动力，靠分数、名次给自己的今天、明天定位，这样的教育很难培养出我们期望的有追求有信仰的人才，反而会造就出一批精致的利己主义者，这不仅是教育的悲哀，更有可能造就孩子悲哀的人生。

评价对从事教育的教师而言，各种检查、考核、评奖，甚至是评职晋级，都可以证明教师的优秀，但是更多的教育大师，绝不是靠外在荣誉、考核可成就，而是源自内心对教育的热爱和追求。所有行业的大家，他们不是因好的评价而有所成就，只有克服了种种困难，才会创造出新的境界。

先不说远离我们的大学，就看我们身边优质的学校，办得越好的

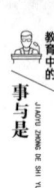

学校限制往往越少。计件管理毁了日立和松下，我们今天综合素质评价要是时时都记、事事都留痕可能就毁了我们的下一代。有人说过，当一个单位走到刷脸的地步时，员工多半会感受到处于"被工作"状态，那种源自内心的自觉就会渐行渐远。实际考察一下，很有道理。

学校教育是这样，家庭教育更是如此，在家庭教育中，也常常看到一个现象，家长越是严管孩子的学习，孩子的成绩往往越不理想。可能有人会说，这都是因为评价不科学，但科学的评价在哪里？教育人不可谓不智慧，寻求科学评价不可谓不努力，如果五千年文明积淀的评价不科学，我们明年就能研究出科学的评价体系吗？所以现今教育评价解决不了的教育问题，不是是否科学的问题，而是因为教育评价不是办美好教育最根本的办法。

所有关注教育的人一定要清楚，美好的教育今天是无法实现的，可能在几百年后或更远也仍然无法实现，因为它是一项复杂的社会事业，不是教育人自身就可解决的问题，但每个人都应该知道通向美好教育的光明大路在哪里。

今天，现实教育发展是离不开教育评价的，这正是因为"蒙童养正"我们做得不好。教育评价作为教育发展必要的修复手段必须存在，但要摆正位置，不要把它当成破解教育难题的灵丹妙药。围棋手有一种共识，如果这枚棋没想好放哪里，那就不如不走，先在别处落子，待棋局变化而定，不然可能满盘皆输。人们在开发利用自然资源时也如此，当应用技术不能达到理想效果的时候，最好的做法是先保护起来，不然不仅是资源的浪费，还可能造成无法挽回的损失！教育是一项复杂的社会事物，现今如果没有找到满意的评价体系，就不要盲目增加更多的评价内容，制定更多的条目，在没有确认科学的评价体系之前，正确的思路就应该是把评价的数量减下来，这也是对自然法则的敬畏。

中共中央、国务院印发的《关于全面深化新时代教师队伍建设改革的意见》颁布以来，全国各地都在贯彻落实，探索下一步教师队伍建设的改革思路。目前国务院已经出台了制度性文件，明确地方职责，实行目录清单，规范检查考核评比填表及各类社会性事务，清理与中小学教师教育教学无关的各种活动，减轻中小学教师负担，创设清静的教书育人环境。这是令教育人振奋的精神，落实意见精神，就要切实减少各种检查活动，要想办好教育，就从认清评价真面目开始吧。

中小学诚信教育首先要"相信"

诚信是人类盛放不谢的文明之花。诚实守信不仅是做人的准则，

也是做事的基本准则。诚实是我们对自身的一种约束和定位,讲信誉、守信用是别人对我们的一种希望和要求。

诚信是培育善良人性的沃壤。人之初,性本善,孩子的本性大都是诚实的,因此,在很多时候,即便是面对孩子的谎言,若人们选择相信,让信任感化孩子,其自身也是非常有效和有价值的教育。人的天性,需要教育唤醒,当教育选择"相信",就会培养出更多诚实的孩子。

不要总用世俗的眼光看成长中的孩子。《吕氏春秋》里讲孔子周游列国,曾因兵荒马乱而至旅途困顿,三餐以野菜果腹,大家已七日没吃下一粒米饭。一天,颜回好不容易要到了一些白米煮饭,饭快煮熟时,孔子看到颜回掀起锅盖,抓些白饭往嘴里塞,孔子当时装作没看见,也不去责问。饭煮好后,颜回请孔子进食,孔子假装若有所思地说:"我刚才梦到祖先来找我,我想把干净还没有人吃过的米饭先拿来祭祖先。"颜回顿时慌张起来说:"不可以的,这饭我已先吃一口了,不可以祭祖先了。"孔子问:"为什么?"颜回涨红脸说:"刚才在煮饭时,不小心掉了些灰在锅里,染灰的白饭丢了太可惜,只好抓起来先吃了。"孔子听了,恍然大悟,为自己的先入为主感到愧疚。

一个人怎么认识世界他就会怎么改造世界。

二十个世纪六十年代,一个学物理的人有机会采访爱因斯坦,他的心情无比激动,花了好几个晚上,读完了爱因斯坦所有的书。

有一天凌晨 3 点半，终于有一个灵感出现在他脑子里面，他赶紧起身记录在纸条上，折叠起来，放在自己上衣左边的口袋里边，捂着睡觉。第二天下午 2 点半，他去找爱因斯坦，爱因斯坦打开门，一个活生生的爱因斯坦出现在他眼前，跟照片一模一样：有一个爆炸

头，有一双孩子般的眼睛，穿着一件棕色的睡衣，踩着一双羊毛拖鞋。当时爱因斯坦正在煮咖啡，房间里面弥漫着咖啡的香味以及爱因斯坦的烟斗味。学生坐下后，问了那个反复思考得出的问题："爱因斯坦先生，您认为这个世界上最重要的科学问题是什么？我不需要这个问题的答案，我只想知道，作为全世界最聪明的科学家，您觉得这个世界上最重要的科学问题是什么？"爱因斯坦说："这是个好问题。"年轻人很高兴。爱因斯坦往后面一靠，不说话，开始抽烟。他的烟斗一明一暗，大约过了十多分钟，爱因斯坦把眼睛张开说："年轻人，我知道了，假如这个世界上有什么最重要的科学问题，那就是，

这个世界是邪恶的，还是善良的？"年轻人觉得很奇怪，问："教授，这难道不是一个宗教问题吗？"爱因斯坦说："不是的，假如科学家相信这个世界是邪恶的，他就会终其一生去发明武器，创造墙壁，发明那些把人们隔得越来越远的东西。但如果他相信这个世界是善良的，同样，也会终其一生去创造连接，创造沟通，发明那些让人们越来越近的东西，做越来越统一的事情。所以我认为，这个世界是善良的还是邪恶的，是最重要的科学问题。"

年轻人找到了自己想要的答案，这个答案也影响了他一生，他成为第一批去研究计算机科学和互联网的那群人之一。

由此可以看出，如果想培养出诚信的学生，首先就要在内心相信学生。

如今，教育改革更是不断呼唤诚信的回归，新高考、新课程改革，很重要的一个变化就是把对学生的综合评价作为升学的参考，改革先试地区多数的做法是建立大的评价平台，建立各种监控、制约机制，以保证评价的真实性。这个取向，且不说工程的浩大，更不可取的是对学生的评价过程，看似鼓励，实则在操作中对学生有更多监管的味道。比如要求材料及时、周全，不得随意更改等。对中学生而言，教育管理选择了不信任，看似为了公平，实则是无形的伤害，教育的诚信体系也会离我们越来越远。

认真研读国家文件的表述可以发现，国家是希望通过评价激励学生找到自己的兴趣所在和潜能所在，从而发展个性，评价的深层目的不是甄别而是激励。因此，选择"相信"才是中小学生综合素质评价最好的出路，选择"相信"，就是选择了尊重，选择"相信"，才会有更多的有效教育发生。

有人担心，选择相信，可能会出现评价材料不够真实的问题，其实，如果没诚信的品质，再严格的要求，评价材料也会有水分。

目中有人是教育的良心，对人尊重是教育的底线，而"相信"则是教育的出发点！现在，综合素质评价已经是教育改革的一大难点，也许道家"无为胜有为"的思想，就是综合素质评价的出路。当考核不刻意要求保留材料做佐证，教育评价选择了"相信"，学生按照心性留下的材料一定会更真实。孩子在这样的评价中，内心的善念自然会生长出诚信的幼芽。

德育的高阶操作是智慧教育

不管你是否认识到，但它都客观存在，这是哲学对物质的定义；自然规律也如此，不管人们是否认识它，它都在左右宇宙万物的发

展变化；教育也如此，教育中有很多事情都是相连、相通的，甚至存在很多因果关系，等待我们去研究和开发。

智慧教育是德育的高阶形态。古语有曰：德不配位，必有灾殃。形成灾殃之结果，根源自然是无智，如果把话说得再直白一点，就是"缺德的人"其根子是"缺智慧"，古往今来皆是如此。

宋朝秦桧可谓是大奸大恶之人，害死抗金英雄岳飞于风波亭，他本人也被钉在历史的耻辱柱上，后人皆以此为辱。暂且不管当时是什么背景，只论造成这样结果的根源，就是秦桧缺乏智慧，他看不到历史必然的公正评判，更是没有智慧处理好皇权与将帅、武将与文官的关系，如果秦桧有蔺相如的智慧，能够"将相和"，南宋不但不会这么快灭亡，开创出一个新的大宋盛世也未可知。

近代，大汉奸汪精卫，卖国求存，或许不是他怕死，也不是他不想革命，或者甘心当汉奸，汪精卫也曾冒死策划刺杀摄政王载沣，更重要的原因就是他没有智慧，看不到我们这个民族不可征服的底蕴，看不到眼前中国的出路在哪里。

现实更是如此，最近出现了一系列关于公交车上打司机、抢方向盘事件，这种随时随地要求停车，不考虑全车乘客生命安全，不顾及交通规则的缺德事件，背后原因都是智慧的缺失，这些闹事者从小就没有获得智慧教育，如果有智慧，他就能冷静下来，如果有智慧，清醒的大脑就会让他趋利避害，不会做出极端的举动。

生活中，损人利己是缺德，但有智慧的人可让事情走向利人利己；

生活中，给别人的工作故意设置障碍是缺德，但智慧能让人认识到帮人就是帮己；生活中，背后说别人坏话是缺德，但智慧会告诉人们，贬低他人自己也不会被抬高。德是一个人对待外界的基点，本性善良的人所散发出来的美德光辉，不但能改变一个人，更会带动身边的人，将美德无限传递下去，让生活处处充满感动，充满正能量。

有个在教育界流传很广的故事，美国有一位老师叫汤普森，她班上有一位后转来的学生叫泰迪，不但不讲卫生。功课也总是落后。汤普森老师在批改他的作业时，总是用红笔画了一圈又一圈，而且圈圈越画越粗。虽然汤普森老师一直强调会平等对待每一个孩子，但是对泰迪却无法喜欢。直到期末写评语时，泰迪档案中前几位班主任写的评语颠覆了汤普森老师对泰迪的认知，一二年级老师对泰迪的评价是"聪明、整洁、有礼貌，深受同学的喜欢"。而妈妈生病到去世的打击，让泰迪在三四年级逐渐变得性格孤僻，他开始对学习不感兴趣，没有朋友，有时会在课堂上睡觉。对泰迪一直以来的忽视让汤普森老师非常羞愧，她开始寻找各种契机弥补自己的过错。圣诞节上，她打开了泰迪送给她的用旧的牛皮纸袋包裹的礼物，在同学面前戴上了泰迪妈妈那串水晶石已经缺失的手链，在手腕处擦上泰迪妈妈曾经用过的香水，让泰迪在同学面前感受到了遗失已久的亲情，而泰迪的那句"汤普森夫人，今天你身上的味道就像我妈妈以前一样"，让汤普森老师瞬间泪奔。

从那一天起，汤普森老师不再只是研究怎样教阅读、写作和算术，

而是用更多的精力研究怎样教育孩子。后来在汤普森老师的关注下，泰迪又回归为班上最聪明的孩子行列，并不断努力，不断超越，最终成为一名医生。而汤普森老师也成了全世界教师的榜样。

这个故事，看似无意的因果关系，却让人们看到，拥有善良的本性是人生最大的智慧，表面看是汤普森老师改变了泰迪，其实，泰迪何尝不是唤醒了汤普森老师，让她寻找到教育的真谛。而再往更深处想，这个故事影响的是更多的老师和无数的孩子。三百年前，英国著名的哲学家洛克就曾说过："智慧就是善良的天性、心灵的努力和经验。"

今天，作为教育工作者，我们不想为"德"的缺失去寻找理由，只是想为"德"的建设寻找蹊径。当人们都有了智慧时，那我们看到的一定是　个高度文明的社会，也自然是一个道德高尚的社会。

自主教育的着力点应在哪

韩愈在《师说》中说："师者，所以传道授业解惑也。"韩愈

说的是老师，但也反映出我们儒家文化对教育的认识是"传、授、解"，更深层次上反映的是我们的教育强调的是外因的作用。

然而，在西方世界中，最有代表性的哲学家苏格拉底认为：教育是真正把孩子的内心引出来，让他主动成为自己想成为的样子。他的教育实践人们也形象地称之为"产婆术"。

自主教育是新时代的改革思想。现在很多学校都把"自主教育"

作为学校的办学理念或作为学校教育改革的核心课题进行深入研究与探讨，我们大多的做法是：

自主教育着眼于教师队伍建设，力求教师改变教育理念，让教育突出学生的主体地位和教师的主导地位。

自主教育着眼于课堂教学，从课堂的建构，到具体问题的学习，让学生主动发现、主动探究。

自主教育着眼于德育工作，让学生自主管理，自主设计活动，自主参加社会实践。

这样的设计和构想，是教育的发展与进步，但这些教育理想都有一个共同的问题，即自主的目标都在指向"知识、能力"的培养，而不是指向学生自主发展的内在因素，教育的操作还是"让学生自主"，看似"自主"，其实还是"被自主"。

如果我们培养了学生自主的"基因"，学生在学校能自主发展，到社会、家庭也会自主发展，今天自主发展，一生都会自主发展，而这个"基因"就是学生的"品质"。当我们的教育在孩子身上培养出"自信，坚毅、担当，好奇心、进取心"的核心"品质"后，课堂上才会主动探究，学生才会在没有督促的时候也能自主管理，这样前面所期望的自主才会真正实现。

因此，实现自主教育，教育的初心不是课堂建构，不是学生怎么学，老师怎么教，而是把学生培养成什么样的"人"。有了这颗初心，教师教授知识、培养能力就会更加着力建构学生的核心品质，只有核心品质得到培养，一切的教育理想才可真正实现，"自主教育"才会生机勃勃。

教育改革急需"定力"

我国教育已经进入深度发展的攻坚期，改革思想、改革方法不断涌现，"未来教育教与学都将发生颠覆""好的教育，就是这9大定律""这才真正是科学的教育""一个教师30年总结的36条教育金规，很受启发""清华大学校长：每天回家问孩子4句话，孩子一定会优秀""决定孩子一生的不是成绩，而是十二种能力"……各种新式的教育思想让我们目不暇接，阐述的也都很有道理。现在确实是一个不缺教育思想的时代，面对百家争鸣，你脚下的教育之路怎么走，最缺的不是思想，而应是咬定青山不放松的"定力"。

"以人为本"是教育改革的压舱石。

不管思想千姿百态，办法千变万化，不管在东方还是西方，教育改革的"压舱石"都应该是"以人为本"，有它"压舱"，

教育改革的大船任凭风再大浪再急也不会倾覆。因为教育的对象就是人，教育是以影响人的身心发展为直接目标的活动，教育活动想要顺利进行和卓有成效，就必须建立在遵循人的身心发展规律基础之上。泰戈尔说："教育的目的应该是向人传送生命的气息。"这句话基本传承了古希腊哲学家苏格拉底的教育思想，他认为教育是把孩子的内心引出来，让孩子主动变成自己想成为的样子。我国的教育改革也强调回归教育的原点，即由对知识的关注回归对人的关注。当我们的改革立足于人的发展，当学校的教育着眼于学生的综合素质提升和个性特长培养，当我们的教育活动都着眼于学生的基础和发展需求，时时处处"以人为本"，教育才是有灵魂的教育，课堂才是有生命的课堂，学习才是最有价值的学习。"以人为本"是教育改革的"压舱石"，也是改革的方向标，所有教育改革的思想都可用"以人为本"来检验。改革的道路可以是千万条，当我们都胸怀"以人为本"行走，就一定会在终点相遇。

"百年树人"是教育改革的航速器。

教育不能求快，"十年树木，百年树人"，育人不是件容易的事，不要期望罗马一日建成，教育需要慢功夫。时下无论做什么都追求快节奏，如"快餐""快递"等，以至于人们都把"快"作为效率提高的标志。我们也期望一项改革能立竿见影，但许多事物都有它本来的规律，违背规律去寻求便捷高效是得不偿失的。我们只能把握规律、利用规律，而不是改变规律。做教育就像种子的生长过程中，需要我们付出汗水和心血，从旁协助顺应规律地促使其健康成长。如果外力胡乱干扰，只能会抑制天性，破坏系统，其结果必然是事与愿违的。"拔苗助长"的悲剧，让世人嘲笑了数千年。拔苗助长的人一定不知道禾苗的想法，所以才会急功近利地以可笑的方式去实现目标。教育人要深深懂得要让种子自行汲取养料、自由发芽与成长的道理。

教育的发展也快不了，我们国家将长期处在社会主义发展的初级阶段，力争 21 世纪中叶达到世界中等发达国家的水平，教育作为一项重大的社会事业和民生工程，它绝不会孤立于社会发展之外而独自得到发展，不要期望一夜之间在世界上领先。教育需要社会事业发展提供更好的硬件条件，需要更高的师生配比，教育还需要社会事业发展，办更多、更好的高等教育和解决好不升入大学的就业

问题。因此，"人们对美好教育的期望与社会事业、教育事业发展不平衡不充分"的矛盾也将长期存在。教育不能急功近利，任何一项教育事业的成功都是咬定青山不放松的坚持，需要"百年树人"的耐心，需要有心甘情愿为后人植树的无私境界。

教育坚守了"以人为本"，坚信了"百年树人"，改革就有了"定力"，教育就不会随风漂流，也不会违背规律急功近利。

牛群自主跟着头牛走衍生的道理

在动物世界中，牛群并不需要驱赶，都自觉地跟着头牛走。我们人类也是一样的，当领导的也希望下属无条件跟着自己走，而且更希望下属积极努力，创造性地开展工作。但是，领导要想带出这样的团队，不仅要学头牛的本事，还要有高于头牛的领导特质。

第一个特质是才能。牛群之所以会坚定不移地跟着头牛走，因为它们坚信跟头牛走会找到更好的绿草。因此，要想让下属坚定不移且积极工作,也一定要下属认同领导的才能,看到跟着你干的希望。历朝历代开国皇帝追随者无数,这些皇帝哪个不文韬武略?追随者只有跟着这样的人才可扬名天下。《三国演义》中以德服人的刘备,肯定和历史上真实的刘备不一样,真实的刘备能让关羽、张飞追随,其武功应该不在二者之下,在韬略上关羽、张飞更是无法企及。领导未必是业务内行,但要有知人善任的才能,刘邦,借"斩白蛇"造势不说,他能让张良"谋",让韩信"战",让萧何"治",人尽其才,这种知人善任的才能更胜千军万马!

第二个特质是胸怀。"鱼缸法则"说的是,一个品种的鱼,在大小不同的鱼缸中生长大小就不同,领导有大胸怀,下属才敢真作为、大作为和愿意作为,单位才能出大人才。水泊梁山的创始人王伦,容不下能人,别说统领八百里水泊,连性命都不能自保。

第三个特质是放手。"君闲臣忙国必兴,君忙臣闲国必衰",事业绝不是一个能人就可包打天下。诸葛亮是个盖世英才,世人都说"孔明妙算胜孙庞,耿若长星照一方,进退行兵神莫测"。但是,也许就因为诸葛丞相,才让蜀国后继无人,导致亡国。丞相晚年的时候,凡事亲力亲为,打二十军棍以上的惩罚都要自己盯着,有时候他甚至亲自上去打。丞相事必躬亲,使手下人没有做事的空间,失去了锻炼的机会,丞相五丈原灯灭之时,蜀中已无大将!如此循环蜀国怎能不亡?有人说"人人都可成才",因为很多人才并不需要高智商,只要反复磨炼即可,所有的人才都

要经历从不行到行，再到优秀的过程。没有历练，怎么能成长为人才，诸葛丞相二十军棍都要亲自动手，就不要怪军中无大将了。技能需要实践，意志需要磨炼，情感需要体验，只有放手，才能成就可用之才。作为领导，不要低估下属及年轻人的能量，不要担心事业有一点损失。

第四个特质是担当。失败是成功之母，红军长征途中，没有土城攻坚失利，就没有后来的四渡赤水，教育事业虽然说是不可失败的事业，但谁敢说每项工作都完美无瑕，面对问题，领导的担当，就是下属创新的勇气，就是积极前行的动力。

第五个特质是分享。不与上级争锋，不与同级争宠，不与下级争功。这句话，看似中庸，其实是构建好的工作生态，也是管理者应有的格局。人各有所长，下级有下级的能力，不论功劳大小一股脑儿都算在自己头上，下级什么都不行，这恰恰证明了领导的无能。想让马儿奔跑，岂能不让马儿吃草。

世界已经越来越成为不可分割的命运共同体，一个单位所有的人更应荣辱与共。其实，工作、事业中并不缺少有才能的下属，但能否让下属的才能发挥出来，关键是看领导者有没有"度人"的这些特质。一个好领导就可成就一个好单位。领导者专业水平虽不是一天可生成，但用人的眼光、度人的胸怀、放手的自信、担当的境界、分享的品质都可努力而为之。

久违的学校印记

近几年来，由于工作关系经常到学校调研或检查工作，从表面看，学校都在围绕核心理念进行探索和实践，在成就上也各有千秋，但是从教育本质看，学校的印记却各不相同。

一般来说，学校呈现出来的普遍特点有：一是教学环境优美，很多学校都有漂亮的功能教室，有崭新的教学设备；二是学校重视检查，校领导全程陪同参观检查，学生也积极参与活动；三是学校都培养了自己的专业教师，践行新的理念。学校的努力和认真使我感动，但更欣赏学校常态的展现。有一所学校在接受检查时，没有领导陪同，没有学生候场展示，但看到供学生个性化学习的同类专业教室却比其他学校多出几个，专业教师的配备也很充足，每个专业化的教室，有很明显的经常使用的陈旧印迹，还有可以落地的课程规划。看到这些让我顿悟这所小学为什么是全国名校！社会充分认可，原因可能很多，但这次看到的是：办教育不是给人看，而是实实在在做教育；教室虽不富丽堂皇，但每个空间和教具都在发挥价值。

久违的是校园难见用旧的样子。这些年来，我国的社会事业发

展很快，新的校舍、新的设备，比比皆是。新校舍、新设备并没错，但怕的是管理者在以人为本的思想和做真教育的思想没跟上：体育馆的地板不是学生跑坏，而是闲置腐蚀；先进媒体设备，平时大门紧锁，等着领导参观，等着功能过期；大楼翻盖一次又一次，一所百年老校，无处再找百年的影子。国家经济实力是雄厚了，但百年的沉淀，经历风霜雪雨的校园，更是多少钱也买不到的珍贵。

久违的是办学的自信，不受外界打扰。现在各级各类部门对学校的检查很多，深受诟病，但是从检查者的角度看，大都想看到学校真实的常态。如果平时做得好又何谈迎检忙！教师、教室、课程、学生、作品等真实工作的痕迹都在，何须从校长到教师再起早贪黑做准备。自信、无功利心的校长完全可以以淡然、淡定的态度对待检查，把重心放到做该做的教育上。有些学校平时办学不扎实，却把功夫用在总结经验上。有几十平方米的图书馆就敢说学生在图书馆上课；没有几个成体系的思考，就说开几百门校本课程；摆几个仪器就说全校开展科技课程，实验室一层灰，但汇报却是百分之百的实验开出率；一项新的教育改革还没几个人理解到位，就想率先推出经验。这自然和踏踏实实做教育做了很多年的学校接受检查时表现的不一样。

教育应去掉空话，做说行一致的教育；教育应除去喧哗，做静悄悄的教育；教育应避免快进，做百年树人的教育；教育该远离奢华，做朴素的教育；教育更该掀去虚伪的外衣，做真实的教育。教育去行政化，不是一句空话，不仅要有自上而下的自觉，更取决于高水平校长的自信和坚持。

办好的教育应给优秀教师减负

这些年来，我们培养了很多优秀教师，但能够形成自己教育主张和教育思想的专家却比较少，他们用双手服务教育，却很难用持续的思想创新影响教育！导致这种现象的原因很多，一个钟表匠的故事可能给我们不一样的启发。

1560 年瑞士钟表匠布克在游览金字塔时，做出了一个石破天惊的推断，他说金字塔是由有自由身份的农工和手工业者建造的，而非希罗多德在书中所记载的由 30 万奴隶所建造的。布克是当时瑞士最著名的钟表匠，因故入狱，监狱管理人员知道他是表业天才，让他在监狱里也做钟表。入狱前他做的表每天误差可在百分之一秒之内，可在狱中无论如何也达不到这个标准，甚至达不到十分之一秒，当他出狱后却又恢复了原来的水平。由此，他断定金字塔修得如此

完美，缝隙间刀片都无法插入，一定是有自由之身的人才能做到的，绝非奴隶可为。

目前，对优秀教师思想最大的束缚莫过于过重的工作负担，每个优秀教师都是学校难得的财富，但迫于学生、家长对优秀师资的渴望，学校教师队伍指数、结构等原因，他们几乎都要承担超负荷的教学任务，还有很多走上了领导岗位，承担管理工作。优秀教师几乎都处于过度使用的状态，学术发展环境甚至没有了自己成长为优秀教师时的生态。

当然上好每一节课是优秀教师的职责，但优秀教师的专业化成长和教育思想的形成对教育也很重要，我们不要期望千里马犁地一天，还能日行千里。

因此我们要适当给优秀教师减负，让他们有空间、时间涵养教育灵魂，当其成为教育家，成为教育的领军人物，就会为教育的发展做出不一样的贡献。

学校怎么给教师减负

给教师减负，不仅事关当下的教育，更关系到教育的未来，很多优秀人才，不想从事教育事业，教师的待遇是一个方面，教师的职业压力太大也是一个主要原因，那么怎么才能给教师减负呢？

很多人首先想的应该是增加师生比例，减少老师的绝对工作量；调整考试指挥棒，减少因升学指标而引起的相对负担。但这两个方面是社会事业发展宏观的问题，不是我们教育人靠自身努力可解决的，我们要从可为之的事情入手。

如果只看每位教师的工作量，一周的时间，满工作量就十几节课，看似不多，但人人喊负担过重，重在哪里呢？

教师的负担来自传统备课。一节高质量的课，课前的准备工作

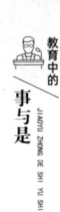

是大量的。

策略：减少教师的备课负担，一是不能把过去的成果推倒重来，备课要在本人和学科组多年的积累资源基础上备课，在原有的积累基础上，加之新的所学，借鉴优秀教案，对原始教案修改、补充、完善；二是可以尝试将备课"化有形为无形"，利用新媒体交流平台将备课思想、问题交流前置，备课前随即交流，研讨各自观点，集中备课时，减少时间，只解决几个核心问题；三是不必要求人人都写不同的教案，现在的教育也要讲团队合作，集成创新，在平台交流、集中研讨的基础上，由主备教师写出主案，留有空间给每位教师，做个性化补充、调整，称之为辅助案。

教师的负担来自作业批改。很多学校都在严格检查教师的作业批改，要求的大都是批的次数、评语和全批全改。正常情况下，两个班的作业，批改至少得用两个小时，作业批改是教师一个大的负担。

策略：应该提倡多种批改方式并存，其实好的批改不是教师全批全改，而是学生自批、互批，教师当堂批、指导批，多种形式组合运用。比如试卷由学生自批，尤其是做完试卷当堂批，不仅为老师节省下了时间，其效果绝对要比老师批对错或帮助学生改过来效果好；学生互批时，当看到其他同学的错误，对自己也有很大的警醒作用，看到别人的优秀试卷也可以将别人作为自己学习的榜样。学校传统要求的症结，是我们把关注点放在教师的工作态度，而没有真正研究批改的效果。全批全改是教师最辛苦也是效果欠佳的办法。

教师的负担来自培训。现在教师都有固定的继续教育，很多时候还要参加各级各类的，从学科组到国家级，从业务到政治思想的培训。培训如大餐，种类繁多且已经摆好，不管老师什么胃口，

就是"大锅饭"。

策略：其他国家的教师很少有我们这样免费培训的"福利"，大多数教师也都不是只教一门课，我们可以借鉴教育先进国家如何增强教师学习的内驱力，把培训的"大锅饭"，变成"自助餐"。现在是自媒体时代，学习什么都不是问题，教师的培训应该在教师自主专业发展上下功夫，即关注如何激励教师成长，不要把功夫下

在"让"教师成长上。

教师的负担来自对学生的管理。很多学校在管理上下"硬功夫"，强化的是教师跟班，甚至从早上六点跟到晚上下班，这样做可能让学生在学业上取得一点成绩，但这样的管理教师难以承受，还哪有职业幸福可言，"看"出来的学生，也很难成为未来社会发展需要的真正人才。

策略：我们要学学魏书生，真正让孩子学会自主管理。

细细考量，还有很多压力源，我们都需要思考破解的办法。

比如，教师的负担来自大量的会议。在学校也存在各部门争相开会，用会议落实会议，用会议落实工作的现状。学习的日程被会议排满，其实一个普通教师就是听会的角色，不走心的会，还不如一纸公文发到电脑桌面，还可随时看看，每个会议着似都有道理，但会议过多是每个教师和旁观者共同的感觉。

又如，教师的负担来自各级各类的检查。教师工作需要检查，但真正有效的检查，是对过程的监督。放在年终的大检查，各项工作已经完成了，做好的自然好，做不好的，年终大检查，可能带来的就是大造假。检查结果可能非常好，但这不仅无价值，还败坏行风。

再如，教师的负担来自职业的压力。教师的工作每学期都被学生的分数量化，冰冷的分数就是压在教师背上的一座冰山，破解分数冰山是教师面临的一大难题。要想让教师做有温度的教育，就要有来自领导的温度。大多名校管理强化的不是制度管理，而是做文化引领、学术期待。只有让教师的灵魂自由，才能孕育有生命的教育。

教师的减负，不是今天才有的命题，也不是明天就可解决的，只要我们关注每个方面，每个方面都做出一点努力，定会积跬步而至千里，积小流而成江河。

时间——科研的试金石

做课题研究时，如果想判断选题的方向对自己是否合适，确立的课题是否有价值，不用去问专家，也无须查理论依据，只要反思一下自己是否有时间研究和探索这个问题就有结果了，"时间"是课题价值的试金石。

课题管理部门进行督导检查时，想考核课题负责人是否真正在做科研，不能只看材料、听取课题汇报，很多课题即便是没做，成果也可以编出来一些，汇报得也会很到位。更重要的是，督导检查者要了解到，主持人有没有时间做科研。管理者要把"时间"作为

真伪科研的试金石。

中小学课题研究都是准科学研究。研究的问题就是中小学教育过程中急需解决的实际问题，通过课题研究找到理论的引领、科学的破解办法，进而提高工作效益，提高教育教学质量。

现在的中小学教育科研，倡导的就是行动研究法，一线的校长、教师既是研究者也是工作者，工作的过程就是研究行动的过程，有

人更直白地说："科研就是为了高水平做事。"如果校长、教师觉得没时间做研究，只有三种可能：

一是认识水平的问题。现在也不乏埋头苦干的"好校长、好老师"，在教学中还是"头遍筛子二遍箩，剩下坷垃用手搓"的教学方法，坚持"眼勤、腿勤、口勤"的德育管理，不知科研为

何物。二是选题的问题。课题没有研究价值或课题研究偏离你本该研究的方向，即工作与课题研究的问题无关，没时间顾及课题涉及的研究。三是态度的问题。根本不想把工作做好，更不想创新，不想突破，不想高效，不想取得成绩，这样的现象属于极端个别。因此，我们可以看到，"时间"就是真伪科研和课题研究价值的试金石。

有些领导对科研工作的态度是"说起来重要，干起来次要，忙起来不要"，而且大有人在。对于这样的事实，我们也不要一味批评，这也是一种无意识的去伪存真过程。最该批评的是不投入时间去研究，却把精力放在弄虚作假上面，借助科研，博取虚名。

新的教育改革，强化教育回归原点，凸显的就是"人本"思想，即教育从对知识的关注转向对人的关注。而这个"人本"思想不是只有教育终端对学生的"人本"，而应该反映在整个教育链条上，教师就是链条上最重要的一部分。对教师的"人本"，最主要的是让教师做应该的、有效的工作，要想让符合规律、符合实际的教育行为真正发生，就要让教师做真事，不做违心、虚名的假事。

没有教育的科学，就没有科学的教育，教育科研一直是教育博取虚名的重灾区。拥有了"时间"这一科研"试金石"，我们就能时时反思自己，督导科研工作，让教育人把精力用在事业真正需要的地方；就会让没价值的科研、虚假的科研无处遁形，让教育的学术风清气正，让教育斯文在兹。

科研工作最大的误读

　　没有教育的科学就没有科学的教育。科研兴校。借助科研能够提高科学育人、科学管理的水平；能够建设学校的学术文化，提高办学品位，形成学校特色。科研是教育发展的第一生产力，但像很多工作一样，比如德育工作最怕的是过于强调德育工作，最有效的是润泽于无声。

　　因此，重视科研就要把科研植入学校根基，时时处处科学办学，而不适合口头上过于强调，这种功利化、形式化的强调科研，会给科研工作反向设置障碍。

　　过于强调科研，会让教育人在认识上出问题。认为科研高高在上，深不可测，科研是阳春白雪，做科研是为教育镀金，离我们很远，甚至遥不可及。

　　过于强调科研，会让教育人在情感上出问题。出现敌视科研心理的现象，认为科研和工作是两回事，工作之后还要做科研，以致工作科研"两层皮"。

　　过于强调科研，会让科研操作出问题。把科研重点放在理论研

究上，远离实际工作。而中小学教育科研，研究的就是实际工作的问题，工作过程就是研究过程。

过于强调科研，会让科研成果呈现出问题。学校过度关注课题量化的成果、报告、论文等，而忽视最根本的成果，也就是教师和学生的变化。

过于强调科研，会让科研形式主义泛滥。借助科研抓眼球，谋利益，让没有真正教育情怀的人，看到获取虚名的机会。

教而不研则浅，研而不教则空。我们中小学教育科研是准科学，不需要去研究本质的问题，主要研究的就是我们教育教学工作中的实际问题，我们每位教师既是工作者也是研究者，科研的生态就是无声地融入我们常态教育教学工作之中。过于强调，反倒容易让科研成为镜中花、水中月、无生命的教育高调。

国家课程走班时别走丢了校本课程

　　新的课程改革"选科走班制"，最理想的状态就是"一个学生一张课程表"。"一生一表"则体现了每个学生对学习的自主安排和主动选择。这种"走班制"制度安排，从根本上是为学生个别需要服务的，是对学生发展需要的充分尊重。

　　议种制度安排，给予每个学生充分的选择权，尽可能地为每个学生的发展创造充分的条件，这就与经典的班级授课制完全不同了。如果说班级授课制强调统一和效率，"走班制"则强调对个人发展需要的满足，强调主动选择、各取所需。"走班制"背景下的课程安排，应像超市一般，将所有课程的主题、难度、课程大纲、开课时段、时间长度、开课空间、人数上下限、开课教师等都展示出来，由学生去确定要修习哪些、何时修习。

　　由此可以看到，新的课程改革，就是实实在在的落实"以人为本"，但受控于我们现有的师资配备比例、学科可能的排列组合、教学空间的有限，课程改革的尺度与力度都将是巨大的。即便不是这样的大走班，围绕国家课程六选三的教学组织也是一项纷繁复杂的工程。

为了破解此难题，目前，教学空间要扩大，学生要分散，学校承担的总课时要增多，为了迎接国家课程的新要求，现在各学校把有限的教育资源大都用来谋划、解决国家课程分科选班上。但新课程的改革核心目标是实现个性化发展，而学校的校本课程恰是学校落实个性化教育最重要的组成部分，是改革后更该加强而不是削弱的部分，因此在国家课程走班时绝对不能走丢了校本课程，更何况我国从 2001 年开始的第八次课程改革到今天将近 20 年，主要就是校本课程成果，这些成果我们绝不能丢弃。

探索适合新课程改革的校本课程实施之路就是破解改革的难题，在此有三个要点供参考。

一是校本课程国家化。原有的内容，新的概念，只是换角度看问题，其实就是国家课程校本化翻转。分科走班后，学生对所选学

科需求更高，必须有更多宽于教材、高于教材的内容充实进来，这部分就是与学科教育有关的校本课程，当它和国家课程捆在一起，也就有了时间和空间的保障，有了生存和发展的肥沃土壤。

二是校本课程精品化。现今社会的发展，有大量新知识需要了解，新技能需要我们掌握，新理念需要我们接受，新的生活与科技方面可选择的课程很多，加上国家课程课标的要求，现在，学生学习时间极其宝贵，如果逼着老师开设质量不高的校本课程，不如不开。一个学校，动辄几百门校本课程一定有很多水分，一定都要放在"真价值"阳光下晒晒再用。

三是校本课程特色化。国家围绕新课程改革还有一个重要的政策，那就是"义务教育均衡发展，高中教育多样化办学"，立足一所高中就是特色发展，立足整个高中阶段教育才会彰显多样化办学。学校的一切育人活动都是课程，学校特色的根基是课程特色，因此每所学校都应该将有自身优势的校本课程做大、做强，只有学校的特色更为光鲜，我们的高中才会呈现百花齐放、多样化办学的局面。

校本课程的"三化"可满足学生对课程的个性化需要，实现学校教育时时联系社会发展、推动科技进步，促进中国特色的高中多样化办学。

高中"六选三"课程改革方案还需深入探讨

结构决定功能，当自然界所有物质微化到质子、中子、电子层面，释放孩子的天性，看起来是"个性化"教学理念下的一个美好的命题，但孩子的天性里有什么呢？有向善向美、张扬天赋的个性，也有趋利避害、躲繁就简、放松懒惰的天性，教育如果不加以约束，没有指导，谁都难说孩子这颗幼苗会长成什么样子。

国家新的高中课程改革方案，提出了"六选三"的高考改革思路，深层的理解是多元智能理论下，实实在在为学生个性化发展提供个性化课程。结构决定功能，这次课程结构的调整，应该是新中国成立以来我国在高考改革中变化最大的一次。然而，同"释放孩子的天性"一样，无规矩不成方圆，如果任孩子自由选下去，不考虑社会发展阶段、百姓根深蒂固的理念、功利思想以及眼前利益的急迫性，结果可能会导致我国人才结构性短缺。如果出现这种结构性人才损失，调整修正的周期也将会很长，不是十年八年就可调整过来的，甚至会影响一个世纪或更长的时间。

因此，我国高中课程改革采取了试点先行的方式，试行中发现的选课系列问题，在高考改革推进中将发挥不可替代的作用。

2014年，确定上海市、浙江省为先行试点。2017年，新高考在上海市、浙江省尘埃落定。通过试行，人们发现了新高考改革出现的最大的问题就是"弃物理"。据有关材料显示，2017年，浙江省和上海市的考生选择物理学科的学生不足30%，另据有关消息称，北京一所名校，模拟放开任意选，有一个学科几乎没有选的。跟其他学科相比，物理这门学科本来难度较大，而赋分制要根据考生卷面分在所有报考学生成绩的排名比例给出对应分数。这样一来，考生基数越少，赋高分越难。因此弃物理也就是必然现象了。这个现象原因在于赋分制，根子还在"3+3"考试模式。

有的专家认为，选考物理的那30%是中国未来科技发展的中坚，不会对未来中国科技有什么影响，如果只从物理学科方向上看，有30%的学生参与相关的科技学习的确不少，但是，学物理真正的价值除了培养科技人才，还在于培养人们科学的思想方法。物理是人类认识世界的最强大工具，我们看过很多好文章，好的归因，不是语言华美，而是思想深刻；好的领导的核心领导力，不是权力，而是面对复杂问题的智慧。即便是做政治家、心理学家、法学家、经济学家，核心的能力一样离不开物理学科培养出来的世界观、方法论和逻辑思维能力。因此，这个社会由原来的百分之七八十学生学物理，减少到百分之三十，对未来社会发展的影响，可能是我们现

在还无法估量的。

有学者指出："在科技的推动下，这个世界变化太快了，快到我们成年人都无法预测未来10年世界会是什么样子，没人能预测孩子选什么职业是保险的。"在这种情况下，物理和数学好的孩子最具有长期竞争力，因为社会再怎么变化，自然规律是不变的，所以大量学生弃考物理是我们不应也不能忽视的问题。

教育治理是"标"，改革才是"本"，"六选三"是我国最具有突破性的改革，会让教育发生深刻的变化，要想方案能有效地实施，一定要有配套措施。在"改"的思想基础上，国家正在进一步完善高校录取机制，对高校的学科选择性进行约束。本科院校公布招生

专业选科目时，必选的科目必须明确，不允许学生随意选科，这一举措有效避免高校为了录取高分学生牺牲专业的现象，也为物理学科在基层的落实给予了最有力的保障。

对于方案自身，也在探讨更具有操作性的改革模式，在我国目前的课程结构体系基础上，广东等一些实验区探讨的"3+1+2"模式，"3+2+1"模式也是不错的选择。"3+1+2"模式，所谓"3"指语文、数学、外语三门必考科目；"1"是指在物理、历史两门科目中必选一门；"2"是指在化学、生物、政治、地理中必选两门。它与"3+3"模式的区别在于从"物理、历史"两科中增加了一门必选课。"3+2+1"模式，所谓"3"指语文、数学、外语三门必考科目；"2"是指在"物理化学""历史政治"两个小组合中，考生选择其一；"1"是指在生物、地理两科中选择一门。

凡事预则立，人们心中也许还会有更好的改革方案，但任何方案都要因时、因势而立，我们国家的教育，目前还是以"学科中心"建构的体系，当教育真正发展到"以人为中心"时，一定会有更多、更好的选择。

前置"分科走班"
课改、考改的全新思考

新的课程改革核心的目的是为学生提供适合的个性化教育，为此，大多数省份把高中教育原来的文理分科，改为"六选三"，这一改革，给学校的教学管理带来了深刻的变化。六选三，按数学的排列组合，需要提供二十种课程组合形式。支撑这二十种组合课程背后的关键点不是课表怎么排，而是教师资源和学习空间是否充足。

其实任何一所学校都很难做到开满二十种组合课程，因此，现在各地区已经采取和计划采取两种形式：一是"大走班"形式，即提供十多种课程组合；二是"小走班"形式，即提供几种课程组合。不管哪一种分科走班都是要有自主选择、动员选择，还会有指定选择，这一供需矛盾，在规模大的学校略好些，规模小的学校，教师少，空间小，供需矛盾将会非常突出，目前，还没有哪个实验区能够有效回避这一矛盾。

教育的问题可能不一样，但解决问题的思想方法却是相似的，那就是"思路才是出路"。在一次长春市高考改革领导小组工作研

讨论会上，一位局领导站在全市一盘棋高度，针对学校在"六选三"落实过程中的问题，提出前置"分科走班"的全新思考。

今天，我们客观、理性分析这一思路，也许这就是破解当前学校个体资源缺乏与学生选课需求矛盾比较切实可行的方案。此方案的思路是，把各校学科走班的"供给"矛盾放在全市范围内，前置到中考报名时解决。

具体操作过程是：每所高中在确定中考招生计划人数的同时，发布学校针对当年入学新生可以提供的课程组合。这样，初中学生在选择高中时，就能够兼顾考虑课程组合。

这种做法也可能有我们没有预想到的矛盾，但这是以全市的资源为一体，最大可能地满足学生对学校和课程的需求，而不是"关门打狗"的思路，等学生进门后再亮"底牌"，强制学生学什么组合。

这个思路可贵之处还在于，一是这项改革思路和已经明确的大学招生改革思路完全一致。考大学就是学校和专业同步考虑，甚至有的同学报考以专业为主，学校为辅，大学可以，高中亦可效仿；二是《国家中长期教育改革和发展规划纲要（2010—2020）》明确提出，我国的义务教育阶段要均衡发展，高中阶段要特色发展，每个学校能够提供的特色课程恰是这个学校最大的特色。这一思路，也恰好契合国家教育发展的战略布局。在这样的中考招生政策作用下，每个学校的特色会更明显，甚至会改写一个城市的基础教育格局。

改革在路上，事业的突破不能墨守成规，不破不立，任何办法都有其两面性，"两害相权取其轻，两利相权取其重"，权衡利弊，这个思路我觉得可以一试。

综合素质评价就是教育过程顺道的事

评价并不复杂，复杂的是综合评价要求下如何做教育。新的高考录取基本的思路是"两依据，一参考"，其中的"一参考"就是对学生的综合素质评价。

从高校的视角看，高校不想要两种评价结果：一是不要按着专家设计的学生发展五个方面都记录完美的综合素质评价，也就是"思想品德""学业水平""身心健康""艺术素养""社会实践"面面俱到、细化呈现的评价，因为学生很难做到完美，这样的评价也缺乏可信度，更是因为高校想通过评价，看学生有什么个性特长，是否适合学习所报专业，记录过于完美就可能看不

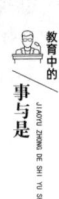

到个性了。二是不想要经过教师处理过的、描述性的语言评价，比如"该生思想积极要求进步，热爱集体，团结同学，有创新能力"等方面的语言，高校要的是学生成长过程中的典型案例，以事实为依据，考查学生，基本是与现在吉林省三好学生的推荐要求的评价相类似的体例。

由此可以说，高校要的就是能说明学生个性特长的实例，不需要什么都记录。

从国家的视角看，国家想做什么样的综合素质评价呢？

国家强调的是，"综合素质评价是通过观察、记录、分析、发现和培养学生良好个性的重要手段"。很多人一直都认为综合素质评价主要是为高考服务的，但这可能是原则性的错误，理性关注教育改革的人应清楚，加入"一参考"最根本的目的就是发挥高考的影响力，促进学生全面而有个性地发展，当然高校选拔人才也不应只看分数。从国家文件的表述上就可以发现，综合素质评价看似是鼓励学生全面发展，但核心的要义是发现和培养学生的个性特长，是全面发展基础上的个性突显，是希望通过评价激励学生找到自己的兴趣所在和潜能所在，从而获得个性成长。国家也明确要求，档案材料要突出重点，避免面面俱到、千人一面。有些活动项目学生没有参加或事迹不突出，可以空缺。因此，综合素质评价记录、分析的主体应放在学生个性特长上，围绕个性化发展有针对性地记录即可。

从操作的视角看：如果要求学生对"思想品德""学业水平""身心健康""艺术素养""社会实践"五个方面都做记录，再强化事实依据，学生在繁杂的材料与紧迫的时间面前就可能会选择各种捷径，其中不乏虚假。那么，我们所看到的评价记录看似内容丰富，实则已经降低甚至失去了参考价值。因此，评价操作时可以把五项具体内容作为评价方向，记录时根据个人情况侧重选择。其实，评价真正围绕孩子个性特长来进行时，无须管理者特别强调要留下实据，学生对于能够证明自己真才实学、个性特长的东西，自然会主动而为之。

综上所述，现在的综合素质评价只不过是要把教育过程反映个性特长和成长的实例做一个记录而已。因此复杂的不是如何评价，而应是综合素质评价要求下如何办教育！

"四元互动"激励性
综合素质评价体系

二十世纪九十年代，世界各国的教育改革运动此起彼伏。改革最终触及教育的关键问题，即课程改革与学生评价改革。

在学生评价方面，传统上的多元化评价多采用标准化测验。这种评价方式不但无法考查学生在动态的、真实的背景中如何应用知识，而且还无法激励学生发展。另外，现实生活是非结构化的，没有现成的答案让我们选择，教育的最终目的是要让学生成为一个主动的探索者和学习者，一个训练有素的思考者。只有在非结构化的情景中，学生才需要主动探索，展示其判断力和创造力。因此，非结构化的任务对评价学生的学习结果是重要的。

真正的"多元化学生评价"是指不单纯采用标准化测验，而是采用多种途径，在非结构化的情景中评价学生学习结果的一系列评价方法，其中主要是"另类评量"。"另类评量"是指用各种不同于传统标准化测验的手段，获得学生学习表现的所有方法与技术。这些方法与技术常常被用来替代传统的标准化测验，所以它们被统称为"另类评量"。这种"另类评量"包括多种方法与技术，有多种名称，如"直接评量"（direct assessment）、"操作评量"（performance assessment）、"真实性评量"（authentic assessment）、"历程档案评量"（portfolio assessment）、"动态评量"（dynamic assessment）等。它是以观察、记录、让学生完成作品或任务、团体合作计划、实验、表演、展示、口头演说、检核表等多种方式进行，不是从单一的考试背景中，而是从广泛的背景（从教室到家庭再到社会生活）中收集信息；而收集到的也不是单一的对标准呈现的试题反映的信息，而是在多种智力活动中如言语、数理逻辑、视觉空间、身体动作、音乐、人际和自我等显示出来的信息。"另类评量"对学生的评量从多个方面、多种能力综合进行。这也就是后来国家教育部下发文件提出的对学生的综合素质评价。

实际上，"学生综合素质评价"在我国二十世纪就开始启动，并不是新生事物。

1999 年 6 月，《中共中央国务院关于深化教育改革全面推进素质教育的决定》中明确要求"建立符合素质教育要求的对学校教师和学生的评价机制"。2001 年 5 月，《国务院关于基础教育发展和改革的决定》，继续强调"改革考试评价和招生选拔制度"，"探索科学的方法发现和发展学生的潜能，帮助学生树立自信，促进学生积极主动的发展"。为贯彻《中共中央国务院关于深化教育改革全面推进素质教育的决定》和《国务院关于基础教育改革与发展的

决定》，教育部决定，大力推进基础教育课程改革，调整和改革基础教育的课程体系、结构、内容，构建符合素质教育要求的新的基础教育课程体系。2001 年 6 月 8 日，教育部又下发了关于印发《基础教育课程改革纲要（试行）》的通知，明确指出"建立促进学生全面发展的评价体系，不仅要关注学生的学业成绩，而且要发现和发展学生多方面的潜能，了解学生发展的需求，帮助学生认识自我，建立自信"。2002 年 2 月 27 日，教育部又发布了《关于积极推进中小学评价和考试制度改革的通知》，该文件继续重申上述文件精神，提出要建立促进学生发展的评价体系。2004 年，教育部又印发了《国家基础教育课程改革试验区 2004 年初中毕业考试与普通高中招生制度改革的指导意见》，在这一文件中第一次使用"综合素质评价"的提法。"综合素质评价"的目的是为了鼓励学生参与社会实践，发挥个性特长，促进学生发展，推进素质教育。在这个文件下达后，各试验区陆续将综合素质评价纳入普通招生，纷纷建立综合素质评价体系，并开始实验。一般的评价系统中多是分为六个维度（不同的地区或学校结构略有差异），分别是"道德品质""公民素养""学习能力""交流合作与实践创新""运动与健康""审美与表现能力"。六个维度又分别被分为若干个项目。等级分别为 A（优秀）、B（良好）、C（一般）、D（较差）。或者是百分制，100 — 80 分（优秀）、79 — 60 分（良好）、59 — 30 分（一般）、29 — 0 分（较差）。采取教师评价、学生自评、同伴互评、家长评价，也有的试验区建立了学生发展档案、设置学生成长记录册等。

目前来看，"综合素质评价"还没有达到评价的预期目标。

首先，中考改革和高考改革还没到位，综合素质评价还没有真正地影响到学生的录取，因此很多教师对"综合素质评价"基本上是走过场。普通高中录取时初中上报的评价结果 99% 都是 A 等，基本没有区分，高中录取时没什么参考价值，评价的激励作用并没有发挥出来。再有，不同的地区、不同的学校差异很大，无法统一标准，同样的等级，并不能说明他们的综合素质相同。如果我们按现在的评价体系，加大综合素质的权重，在中考、高考中发挥作用，而教育行政部门还没有很好的监督保障举措，则必然有暗箱操作和腐败现象，这也从另一个角度说明"综合素质评价"中分等级的做法很不可取。

目前的"综合素质评价体系"另一个大的问题是，评价系统都设计六个方面的评价，虽然很周密但过于繁杂，大量牵扯教师、学生的精力，相应的评价方案也就很少被教师接受。而且设计者往往站在评价者考核学生的角度来考虑问题，不是站在学生成长的角度来设计评价环节、方法和策略，学生也很抵触。特别是部分学校过于强调"综合素质评价"的核实、考证，把评价过程涂抹上了较多功利色彩，导致大量的事实记录造假，评价结果和学生的综合素质情况不符，评价者不认可，被评价者也抵触，这样的评价体系不可能是科学的、可操作的。

为了做好"综合素质评价"工作，2014 年，教育部下发了《关

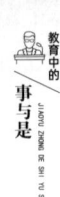
于加强和改进普通高中学生综合素质评价的意见》，明确指出，"综合素质评价"是对学生全面发展状况的观察、记录、分析，是发现和培育学生良好个性的重要手段，是深入推进素质教育的一项重要制度。全面实施综合素质评价，有利于促进学生认识自我、规划人生，积极主动地发展；有利于促进学校把握学生成长规律，切实转变人才培养模式；有利于促进评价方式改革，转变以考试成绩为唯一标准评价学生的做法，为高校招生录取提供重要参考。2015年9月，国务院印发了《关于深化考试招生制度改革的实施意见》，把综合素质评价提到了一个更加重要的位置，提出探讨基于统一高考（课程）和高中学业水平考试成绩、参考综合素质评价的多元录取机制，并以此作为升学标准，简称"两依据一参考"。

显然，国家把综合素质评价纳入考试招生制度改革范畴，用高考导向，要求基础教育阶段予以落实，进而推进基层学校"综合素质评价"，激励学生全面发展。教育部下发的《关于加强和改进普通高中学生综合素质评价的意见》中最重要的文字是"通过综合素质评价发现和培养学生的个性特长"。由此可以看出，评价的导向是让学生不仅要关注学业，也要关注其他方面的进步，最核心的是发展和培养个性特长，从人发展的角度和文件的精神都应清楚，科学的评价，不是面面俱到的。

基于对人才的发现和培养，现在很多高校已经出台高考录取时"综合素质评价"的使用，就是需要学生提供综合素质发展写实报告，通过实例发现学生的个性特长和潜质是否适合学习本院校和专业。由此可见，最没价值的综合素质报告，就是六个方面面面俱到的报告。这也为简化综合素质评价，使评价具有可操作性提供了可能。大道至简，综合素质评价对学生的成长至关重要，但操作必须简单。

评价是相互认知的过程，因此科学评价必须是评价者和被评价者认同的，研发先进的评价体系也不会完全脱离已经取得的成果，不要期望一个完全没有过去影子的评价体系。其实只要更新评价理念、重组评价程序、调整操作角度、重新确定考核重点，就能建起一个全新的体系。

"'四元互动'激励式综合素质评价体系"就是在原有的学生评价、同伴评价、家长评价、教师评价的基础上，调整角度、更新理念，改进方法后建构起来的全新可操作的评价体系。它植根于教育成果的土壤，完全符合国家层面的要求；它把重点指向学生的发展，抓住了学生的兴趣点，关注学生的优秀品质，没有增加学生、教师的考核负担，成为学校育人的很好的操作手段。

一元评价为案例自述。《关于加强和改进普通高中学生综合素质评价的意见》要求对学生成长写实记录，教师要指导学生客观记录在成长过程中集中反映其综合素质主要内容的具体活动，收集相关事实材料，及时填写活动记录单；一般性的活动不必记录。综合考虑文件要求和教育面对的社会实际状态，我们选择学生案例自述

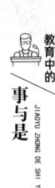

作为"一元评价"内容。每学期每人填写一张成长记录单（纸质或电子版），分两部分记录。一是重要事项，如读某一本书、帮助他人、科技创新、学习方法创新、学习能力突破、参加重大活动、参加重大比赛、掌握某项技能、旅游、访学、游学等；二是经常事项，如坚持某一体育项目，坚持某一好的习惯，经常研究某一方向如军事、体育、政治等，经常做某一家务，如洗碗、打扫卫生、照顾老人等，经常参加某一社会实践，如探访孤儿院、社区劳动、帮扶弱势群体；等等。在学生自己填写时，只简单且客观记录时间、地点、人物、事件等，不要求一桩桩一件件都留有实据。只有学生特别感兴趣、觉得很有价值和意义的事情才加附页留下实据（图片、文字材料、实物等）。比如参加某大型活动留有喜欢的图片，读某本书后写下真实的感言，喜欢体育、军事栏目自己就撰写一些学术文章，等等。

一元评价在理念上淡化了考核依据意识，强调了自主意识，把评价建立在学生自身能力、兴趣、追求、发展的基础上，摒弃了视学生为被监督对象的做法，抹去了为升学而为的功利色彩。学生按照自己的意愿留下的事实依据，恰是学生个性发展的体现，也是高校录取时最想看到的考察点。淡化考核意识，不要求事事留依据，让学生率性而为，留有的依据恰恰更为可信。

教育是最朴实的事业，基于学生真性情的综合素质评价体系，可以最大限度地培养学生和社会的诚信意识。记录表中的活动项目还可以对学生的发展提供正向引导，评价过程中最好借助互联网，同学之间登录阅览彼此的个人网页，并互相评论，激励对方，更加彰显评价促进学生发展的效果。

二元评价为民主评价。发挥重要人物的影响力是有效评价的关键。家长是学生身边最有影响力的人物之一，"二元评价"就是家长和孩子在一起，对学生成长进行评价。每个学期末，家长召集孩子开家庭民主生活会。首先是孩子自述案例，自我评价；家长在倾听之后，对孩子的成长给予肯定、指出不足、提出希望；把共识之

处加以总结，形成最终的家庭民主评价。这个过程中，家长要做到不揭短、不恶语伤人、不搞大批判、不把个人意识强加给学生。也就是说，家长要多肯定孩子的优点，客观分析孩子的不足，切实提出改进的办法，中肯地表达出对孩子的希望。对于没有被接受的某

些评价，家长要充分尊重孩子的意见，不必写在评价中。

三元评价为互动互评。很多学校以班级为单位进行同学互评，但这样做受制于环境，碍于面子，难以获得真实、有效的评价；而且不是所有的学生都彼此真正了解或会为同学真正负起责任，这时的评价难免因缺乏针对性而失之公允，所谓的"同学互评"在可信度上会大打折扣。本体系设计的互动互评是在班集体建立一段时间后，由学生自主选择相处和谐、彼此信任、无话不说的几个同伴组成共同成长小组，可以 2 ~ 5 人为一组。这样的小组可作为学习小组存在，在学习生活中互帮互学；还可以作为监督小组、活动小组，活动中彼此做榜样，互相监督，指明缺点。因为彼此都了解、信任，这样互动互评就有了极大的真实性和可操作性。"同伴互评"环节，可在每个学期结束时，选择一个周末，在条件比较合适的地点进行。每个学生首先进行案例自述（同伴了解，也保证了记录的真实性），然后由同伴加以评价，最后把同伴评价记录交给班主任。

四元评价为当面评价。教师综合上述所有材料和平时掌握的学生情况，约见学生，以事实为依据，全面客观地与学生沟通，充分交流后认真梳理、做出评价。这样就会避免只谈学习成绩、只看缺点错误的片面评价，增强了评价的科学性，也就会使学生获得有价值的指导，从而使当面评价成为学生成长的催化剂。这一评价就是学生的学期鉴定。如果班主任受时间和精力制约，一个人就无法完全做好全班学生的当面评价工作；此工作也可以充分利用各校导师制，交由科任教师负责一部分，以保证评价的及时性、可靠性。

如果我们再把对每一位学生高中六个学期的鉴定汇总，就自然形成了高考需要的"综合素质评价"结果。这套评价体系，每个环节都对学生发展起到很强的促进作用，评价的结论又恰好对接未来高考改革。这一评价的成果也可以对学生终身发展产生影响。我们可以承诺在学生毕业时把所有评价的原始材料打包返还给学生，当学生收到这份凝聚着真诚、希望和汗水的宝贵材料时，也就收到了一份感动、一份祝福、一份信任和一份鼓励。学生在未来成长的过程中遇到选择的时候，中学阶段老师、同学、家长的某些中肯话语，也许就是他进一步前行的动力。

学生还可以在拿到自己的原始材料后，再给10年后、20年后或者是30年后的自己写下一份承诺。这份承诺由班主任和学校保存，学生也许就会为这个承诺活出不一样的自我，创造出不一样的人生。

这套"'四元互动'激励性评价体系"，立足于我们教育的发展成果，充分发挥了学生成长过程中各个重要元素的作用，处处充满对学生成长的激励作用，体现了综合素质评价的真正目标。这一体系无痕融入于学校的育人过程，无缝对接并服务于未来高考改革，能够最大限度地降低操作工作对教育本身的干扰，目前已经在实验

校初见成效。随着改革的不断深入，这一评价体系一定会在素质教育中发挥更大作用。

构建"五维一体"的
学生生涯发展指导师资队伍

随着高考改革的推进，学生生涯发展指导已经成为高中学校的一项重要任务，那么完成这项任务的教师在哪里？俗话说：思路就是出路。融合教育不仅是教育改革的新思路，它也是破解教育难题的出路。

随着社会的进步和科技的发展，还会有很多新的知识进入基础教育，但大都不会以学科形态进入校园，而是要融合在学校的现有课程之中。与课程匹配的师资培养需要周期，我们无法期望高等教育在改革之前就能调整学生培养方向，即时为学校输出与改革相应的专业教师。因此，各高中学校面对高考改革，面对生涯指导课程，既没时间等待配备专业教师，又要全面稳步推进。怎么办？唯一的出路就是充分利用已有师资。学生发展指导所用的知识，无外乎心理学、教育学、教育管理学等，而这些课程是每个师范毕业生的必修课程，是每位教师原本的"库存"，因此，每位教师都是有能力也有义务承担此工作的。新时代的教育就是需要我们教师把这些"库存"唤醒，但一定要认识到，这不是给自己增加额外任务，而是提

升内涵，用现代的教育理念，做更科学、更好的教育。

融合教育不只是知识的融合，还应是团队协作。学生生涯发展指导不仅是指导内容与学校各项教育活动融合，还应整合指导团队。目前多数学校只靠班主任、心理教师几个人孤军奋战，是无法全面达成学生生涯指导任务的。根据学生生涯发展指导的需求，我们应

建构"五维一体"的学生生涯指导师资队伍。

心理教师：其实心理健康所有的课程都与学生发展指导有关，时间管理、目标管理、成功品质、人际交往、沟通技巧、情绪调节、压力调整等都是学生生涯发展指导的基础课程。

班主任老师：班主任是学生发展指导的中坚力量，他们动员学生，规划、设计"破冰"活动，调整指导方案，协调各种体验课、访谈课、励志课等课程。

学科教师：学生不论三观的形成，还是对社会、自然界的认识，大都还是来自学科学习，从学科教育渗透的角度看，学科教师掌控着生涯教育的主渠道。生涯教育对每个教师而言也是责无旁贷的。

家长、校友等社会人士：教育是一个民族必须优先发展的社会事业，家长、校友、社会知名人士都有义务为教育服务，生涯教育要依托这支队伍鼓励学生走向社会、了解社会，参与社会体验与实践，寻找自己的生涯发展方向。

专家队伍：生涯发展指导离不开科学的测量，教师队伍的提升更离不开专家的指导。我们要依托教育的科学做科学的教育，因此，生涯发展指导需要专家做更深入、更专业的工作。

心理教师，班主任教师，学科教师，家长、校友等社会知名人士，教育专家，构成了学校实施学生生涯发展指导的"五维一体"师资队伍，我们学校要进一步思考的就是如何优化五支队伍建设，如何最大地化发挥这五支队伍的作用！

稳步建设数字化校园

上个世纪末期信息技术的快速发展，几乎改变了世界，改变了人们的时空观，身处大洋彼岸，我们可以面对面地聊天；改变了人们的生活方式，购物无须逛街、买票无须再去机场；也改变了战争的方式，未来战争，不是先消灭地方的武器装备，而是瘫痪对方的指挥体系。但这项技术唯独对教育的冲击不大，说教育没人关注，没有精英研发都是说不过去的，现代教育也由"信息化"向"数字化"迈进，从"固定技术"向"云技术"发展，那么唯一的解释是教育有其特殊性。这个特殊性可能就在于人的培养是一个极其特殊的过程，这是人的教育而不是车间生产产品，现代教育技术不能完全取代人发展中必要的过程。

《国家中长期教育改革和发展规划纲要（2010 — 2020 年）》明确提出要加快教育信息基础设施建设，强调"加快终端设施普及，推进数字化校园建设，实现多种方式接入互联网"。基于人培养的特殊性，因此在加快教育信息技术建设的过程中就要考虑到教育的特殊性。

数字化校园建设已经是学校的基本工程，人们把数字化校园

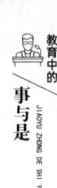
建设规划为"三通两平台"，三通指的是"校校通、班班通、人人通"；两平台是资源平台和管理平台。在这一规划中，首先要重点建设好"校校通"，充分发挥区域人才和财力优势，实现区域资源共享和有效的交流。其次要实现"班班通"，班级是我们有效利用信息技术的终端和关键点，网络到了班级，才是真正搭起了校园数字化的平台。对于"人人通"，我觉得教育的特殊性集中反映在这一点，现在通过智能手机并不困难，但关键的是，学生人手"一机"。学生天天面对手机或电脑，也具有两面性，它可以给学生学习提供一种新的方式，但网络资源的副作用也是很大的，即便在教育发达的西方国家，也是不赞成完全这样做，"云学习"方式不能被神话，因为教育本身就应该是多元化的，传统教育方式也有不可替代的功能。

在"两平台"建设中，应重点建设资源平台，现在的资源平台，各个学校各自为战，存在着严重低水平重复建设的问题，我们应该基于"校校通"优化、统筹课程资源，建设高水平资源平台。在管理平台问题上，应该抓大放小，多在信息技术和宏观管理上发挥作用。现在流行的对学生数字化管理，主要方式是学生到处刷卡、填表，老师过度地填数据，这都是不科学的。我觉得有两个理念还有些道理，一是学生的评价也应该抓大放小，过于细化并不能说明什么问题，反而适得其反，将过多的精力投入到考评中，出来的结果也没什么价值。几个"先进"学校在经验介绍时，细化考评出来的结果，和老师宏观把握得出的结论没什么差距。二是教育是用思想和知识来引领学生的发展，塑造学生的素质，而不是用机器被动发现问题，更不是用机器规范、用机器挑学生毛病，不能把我们的润物细无声的教育变成老师、学生每天忙于一项一项的和机器的对话。

总之，"三通两平台"的建设有的可以超前，为教育发展铺路，但有的则不能盲目超前，因为这不符合教育实际。凡事要讲实事求是，不能盲从。

充分利用学业水平测试平台奠基学生基本文化素养

学业水平考试作为一种标准性质的学历水平考试制度，在西方国家已经有两百年的历史，在我们国家也伴随着教育改革应运而生。在我国的教育考试的体系中，学业水平考试有其他教育考试难以替代的地位、职能和社会价值，它对学生和教育机构有着评价职能、

诊断职能、监控职能和整合职能，对人和社会的可持续发展有强基固本的作用。学业水平考试是高中教育乃至是整个全日制教育的一个出口关，是终结性的把关环节，严格的考试制度、科学的质量检测手段、严密的质量监控措施，关系到高等教育的基础是否坚实，也影响整个基础教育的价值取向和国民素质的提高，因此作为基础教育阶段我们必须做好这项工作。

第一，我们要在思想上把学业水平考试和课堂教学改革实践相结合。在平时教学工作中，我们面临的最大困难是，学生对只有学业水平考试任务的科目不重视，没兴趣。为此我们要在努力提高学生对学业水平会考的认识的同时，把重点放在学校的课堂教学改革上，让鲜活的课堂成为学生自主成长的空间。针对会考的要求，我们整合考试科目的内容，降低学科知识的深度，扩大学生的知识面，挖掘知识的吸引力，减轻了学生的课业负担，增强了学生学习的积极性。比如：在物理学科"万有引力"一章的教学，我们对文科学生要求只需掌握必备的知识点，没有盲目安排大量的学科习题训练，而是让学生涉猎更多的天文知识。在讲清各个学科知识的同时注重知识和科技的发展联系，注意和学生的生活实践相联系。这样充分调动了学生的学习积极性，也为学生未来的发展培养了基本的素质。

第二，要把学业水平考试与高考紧密结合，不管怎么讲，高考现在还是衡量教育水平的一个最重要的指标，有些人错误地认为，学业水平考试对高考造成冲击，影响了高三学生的备考。但实践告诉我们，学业水平考试制度和高考制度并不矛盾，而是相辅相成、相得益彰的。现在高考中明确要求，注重考查学生的综合素质，各学科知识的综合运用，文科的外语、语文、历史、地理高考试题中经常出现理科的物理、化学、生物的学科知识。另外，高中的学业水平考试保证了学生具备综合学科的知识素养，从现在的发展情况来看，没有综合文化素质，就不可能成为一位优秀的人才。因此，我们在高考的复习工作中，始终把迎接学业水平考试作为高考复习的第一轮复习标准，强调知识点、知识面、知识的基础性，把这轮复习和高考复习合理对接，保证了这两项工作的顺利进行。正确的认识使二者互相促进，让学生学业水平考试、高考都取得优异的成绩。

第三，在操作上对不同层次的学生要采取不同的策略，对大多数学生我们通过学业水平考试的指导功能，引导学生全面发展。对于学困生，利用考试的强制性，培养他们的基本文化素养，比如对体育等特长生，我们的老师都要承包自己的学生，体育教练也都要参与到体育特长生的教学管理中。只有具有一定素养的特长生，才能在专业上有更大的作为。在学业水平考试开始复习的时候，老师就和学生一起边复习边总结会考提纲，并在复习过程中不断加以完善。对知识点我们要求学生人人过关，同时，我们对学业水平工作也制定了详细的奖励方案，这样充分调动了参加会考工作的指导教

师的积极性，尤其对没有高考任务的教师有了一个更为有效的评价方法，完善了学校的评价制度。

作为会考工作的延续，一直有不同的声音，但经过几年的运作，它帮助我们解决了构建学生全面系统知识结构的问题，缓解了文科学生不学理化、理科学生不知道史地知识的问题，强化基础教育乃"通识"教育的原则。它促进了学生的全面发展，达到了以考促学、以考促教、以考促管理的三重功效。随着社会的发展，它的作用将会越来越大。目前，在国家颁布的最新课程和高考改革实验方案中，就已经明确提出"两依据、一参考"，其中两依据就是指的高考成绩和学业水平考试成绩。

"课上不讲课外讲"逻辑的演绎

教师"课上不讲课外讲"，是前一段时间全社会都在热议的一个教育话题，从社会到教育行政部门，再到家长都深信有之，并对这个现象口诛笔伐。但一线教师发出的声音是："老师绝不会课上不讲课下讲！"

当今社会对教师伤害最大的两句话，一个是"没有教不好的孩子，只有不会教的教师"，另一个就是"课上不讲课外讲"。

今天，在这里不去评论对错，只是把很多人认为的老师"课上不讲课外讲"这个观点作为起点进行深度逻辑推理，看能得到什么结论。

首先，作为逻辑起点，这句话的内涵应该是：老师对一些好的课程内容上课不讲，留到补习班再讲。

推理的第一个事实依据是：国家要求为中小学生减负，所有的小学都缩短了学生在校时间，中学都取消了晚自习。因此，在学校的教学活动工作中，所有传统的主科课时都很紧张。同时，由于社

会的发展，每科都有丰富的课程资源，课堂时间内争分夺秒都讲不完。比如作文，在学校专项的作文课就几节，但精彩的作文课十几节也讲不完。高中物理牛顿第二定律的应用，教学进度中就两课时，但它精彩的内容两周都讲不完，各个学科的课时现状情况类似。这一依据，只要了解一点儿学校教育的人，都应该认同。公办教师都是不允许有偿补课的，这里不评价补课的对错，只是看看由这个逻辑起点，加前面叙述的第一个事实，可以推出什么结论。

结论应该是，"课上不讲课外讲"的教师一定业务水平极差！在课程资源如此丰富的事实前，补课还需课堂上留点儿，这位教师的水平会怎样？不用说优秀教师，就是最普通的教师，在学校的教学工作中，课上使出浑身解数认真讲，课后也有讲不完的精彩内容。按着这个结论再往下推，大家批评的"课上不讲课外讲"的教师一定是业务水平极差的"庸师"，这是"课上不讲课外讲"逻辑演绎的必然结论。

在第一个"庸师"结论的基础上，再加上推理，第二个事实依据是：现在的教师，小学教师基本都是本科毕业，还有很多是研究生，"课上不讲课外讲"的情况如果普遍存在，那不仅是我国的教育师德出了严重问题，更深刻的是，教师都要"留点儿"课后才有的讲，由此推断出，现在的教师大都是"庸师"。再往下推理，我们的师范教育就存在极大问题了，经过多年精心培养的教师竟然都是"庸才"。

按这个逻辑再往下推……是不是可以把整个几十年的教育改革否定？

结论还是留白吧，能够引起大家反思，比说清楚更容易让人们明白命题的真相。

梦回课堂换位体验管理

我离开讲台已经几年了，昨晚突然梦回"讲台"，但"砸锅了"！梦是这样的：一位物理教师因故请假一段时间，由我来代课，因为一点儿工作，铃响了我才匆匆走进教室。一些老师听说是校长代课，特意提前来听课，但不知什么原因，讲台上并排放了两张桌子，我要站在桌子上讲课，桌子两侧还放着台灯和电脑，我站上去刚一转身要写板书，桌子就差点晃翻，台灯和电脑就要掉到地下，我手扶住黑板才勉强站住，要讲什么全忘了，唯一的想法就是赶快把桌子撤了，让我踏实站在讲台上。那后来呢？"梦"已经没有后来了，我被惊醒，后来就是我的思考。

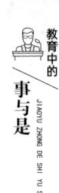

　　我自认是特级教师，上过很多公开课，代表吉林省参加过全国比赛，上公开课怕的就是听课人少，因为人少会没情绪，现在做了所长，凭借课题研究的理由，最近还找机会给高中学生上了很多次课，所以我不害怕上课。为什么梦中会把课上砸了呢？我想应是心里对环境的恐惧，让我失去了本该有的教育才能。由此可见，影响教师教学水平的因素，除了业务水平之外还有很多，优秀的教育管理者，不仅要关注教师的专业成长，还应想到教师作为自然人需要的一切。

　　"恐惧"让我这个特级教师"失能"，我的恐惧是环境，其他教师或许也有此恐惧吧！当年我走进课堂听课，有的教师讲得不好，可能也有"恐惧"的缘由吧，因为主管校长来听课，教师"恐惧"校长的批评，"恐惧"校长因这节课对自己形成不好的看法，等等。

现在想起来，如果当时不是以高高在上的领导形象出现，不是以检查、考核为目的走进课堂，而是以一个研究者和帮助者的身份走进课堂，效果一定会更好吧，一定会有更多的老师期望这样的领导走进自己的课堂，帮助自己成长。当这些年领导也和教师说过"批评是为你好"，其实这是群众觉得领导最"厚黑"的一句话！有问题不是不能批评，但群众更想得到的是帮助、指导。压力的确可以产生动力，但过强的外在压力不一定都会正向地释放，更何况真正的成就往往都是在"灵魂"自由的状态下产出的。

我们做领导最有"魄力"的批评是下岗走人，如果换个角度看也是最不负责任的管理，优秀的领导应该是把周边的人都培养成才，而不是把自己周边认为不行的人推向社会，自己再从社会攫取人才为己所用。

"恐惧"不是教师成长的常态，但生活中让教师不安心的事却有很多。全国著名的超级学校衡水中学，有很多争议，但在教育"市场化、规模化"发展大背景下，它无疑是"成功"的，"成功"有很多原因，比如最受批评的"军事化"管理风格等。但有一个方面很多人没有关注到，也许就是这一点，成为这个"人才生产工厂"高速运转的重要保障，它就是，为了让老师能安心地、全身心地投入工作，老师家里的电费、水费都由学校安排人代缴，暖气、下水、门窗坏了，学校也会安排人去修，老人、孩子有病，学校及时安排人送医院，等等。我并不提倡这种做法，我们各个学校也没这个能力，但我想倡导的是，学校领导不要只关注教师的专业成长，

还应关心他们的生活，力所能及地让教师安心、全心地工作。长春市南关区树勋小学有个"爱心超市"，学校食堂每天用批发价采购蔬菜和副食时，都多带一些，放在货架上，老师忙完一天，如果需要，都可顺手带一些便宜、新鲜的蔬菜回家。这一简单做法，也许教师就不用急着下班跑市场，能更安心地处理一些"教育"的事，点点滴滴，滴水成河。

教师也是一个自然人，业务成长不会孤立于人的生活之外，我们歌颂教师是神圣的职业，真正要做到职业神圣，也需要社会和管理者拥有一颗尊重教师的"敬心"；创造条件，让为师者心无杂事，全身心投入，有颗"静心"；当然更需要师者有崇高境界，甘为人梯，有一颗圣洁的"净心"。拥有这三颗心，教师自然会在事业上真正用心。

点化成长

在美国堪萨斯城郊发生了一件事，在全美国引起了轩然大波。事情起源于一位美国女教师因学生缺乏诚信，愤然辞职，从而导致了一连串的社会反应。当时，在这位女教师所任教的高中，有一批高二的学生被要求完成一项生物课作业，而她班里有28名学生从互联网上抄袭了一些现成的材料。本来批评一下学生，教育他们今后别犯这样的错误，就能大事化小，小事化无，而女教师却偏偏固执地认为，这些学生素质低下，才导致了他们去剽窃他人的劳动成果。因此，这位女教师不但将这28名学生的生物课成绩判为零分，并且还警告他们将要面临留级的危险。学生们的试卷被判为零分后，引起了家长们的抱怨和反对，他们大动肝火，纷纷向学校施压，要求女教师重新评判这28名学生的生物课成绩。学校领导不堪重压，只得将矛头对准女教师，迫令她屈从。然而这位女教师对于校方和家长们的要求严词拒绝，结果执拗不过，只得愤然辞职。

令校长始料不及的是，这位女教师的辞职，成了全市市民关注的焦点，引起了全社会的广泛关注。面对巨大的社会反响，校方不得不在学校体育馆举行公开会议，听取各方面的意见。结果，绝大多数的与会者都支持女教师，学校领导见形势对己方不利，只得征求老师们的意见，结果该校近半数的老师表示，如果学校降格满足了少数家长修改成绩的要求，他们也将辞职。他们认为：教育学生

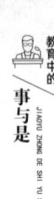
成为一名诚实的公民，远比通过一门生物课程更重要。于是，经过一番讨论和争辩，家长们只得让步，同意了对孩子们的留级"处分"。

后来，这位女教师的辞职，引起了接二连三的社会反应。她本人每天都能接到十几个聘请她去工作的电话，一些公司甚至给学校发传真，向学校索要作弊学生的名单，以确保他们的公司今后永不录用这些不诚实的学生。

某高校负责招生的老师在一次招生入学考试中，见到报考的考生中有位与作弊的学生同校的女生，语重心长地对她说："不要作弊啊！"一位同作弊学生的家长住在一起的女士，对电视台的记者忧心忡忡地说："我非常担心从我们这个社区出去的人，是否会被贴上不诚实的标签。"一位美国商人在一次演讲中，借题发挥道："一个人可以失去财富、失去职业、失去机会，但万万不可失去信誉。一个不信守信誉的人，在这个社会上常常举步维艰。"

来自《教师博览》2010 年第 4 期，作者：马有福

编者按：孩子先"向内生长"才会飞得更高，不求人人为大事而来，但谋学生向阳而生，孩子今天把根"养正"，我们还用担心将来的干、枝、叶、花、果实吗？深度剖析今天的人才，表面是专业学识，但深层一定是蒙童时"内生的品格"。因此，做好的教育，不只是去功利之心那么简单，还应有等待孩子"向内生长"的耐心。

课余时间决定教师的发展高度

哈佛大学曾对 100 位 60 岁以上的老人进行过调查，让他们写出 5 件令自己最后悔的事情。调查结果显示：75% 的人后悔年轻时努力不够，导致一事无成；70% 的人后悔在年轻的时候选错了职业；62% 的人后悔对子女教育不当；57% 的人后悔没有好好珍惜自己的伴侣；49% 的人后悔没有善待自己的身体。也就是说，在被调查者当中，一生中最后悔的事，莫过于事业没有成功，其他的尚在其次。针对这项调查，哈佛大学进行了进一步的研究。研究的重点是，许多人怀揣梦想，年轻时也都曾努力奋斗过，但为什么最终一事无成呢？深入研究后哈佛大学得出了一个关于成功的论断：人的差别在于对业余时间的利用，而一个人的命运决定于晚上 8 点到 10 点之间。仔细分析确有其道理，业余时间做事业说明你比别人更努力。

教师如果把工作当作谋生的手段，很难做得出色。每天面对工作都是不得已而为之，没有热情，自然也不会有更多的付出，一天工作之后，可能就是胜利大逃亡。这样的教师业余生活很难再和教师业务有联系，也不会有人指望其事业达到什么高度。

如果教师把工作当作完成任务来做，每天忙忙碌碌，结果也只能是成为别人眼中的成功者。缺少真正发自内心的意愿，只有客观的无奈，虽然经常需要在业余时间来完成任务，但缺乏自己的思想统领，虽有收效却难以突破个人发展的限制，这可能就是我们大多数教师的状态，可以变得优秀但不会出色，可以成为名师但不会成为专家。

如果教育是你的志趣和情怀，是源自内心的热爱，不管经历如何，终将有所成就。志趣，是我们每个人的志向和兴趣，是无须督促而自觉成长的本源。情怀，属于每一个人，存在于每一个人的内心。情怀是一个人的闪光来源，看似虚无缥缈实则饱满充实，这是一种感觉更是一种坚持，当我们同时拥有了这二者，教育事业就会成为你人生业余时间魂牵梦绕的快乐，当我们教育人达到这个境界，不做出一番事业都难。

有一本书叫作《反脆弱》，更直接地让我们看到，业余时间干什么决定了你的人生高度。这本书的作者写了一件特别有意思的事，他说，现在的教育大部分都是无效的，无效的原因是教育走进了"哈佛苏联模式"。为什么叫"哈佛苏联模式"？简单来说，就是哈佛大学的教授们以为是自己把学生教育成了精英，实际上这些人本来就是精英。他们一起到了哈佛大学，又认识了一些新朋友，然后自己不断钻研，"泡"图书馆，慢慢地就成了社会精英。哈佛大学教的东西叫作"教小鸟飞"。小鸟迟早是会飞的，可是哈佛大学把小鸟飞的过程解构成第一步、第二步、第三步，并要求学生按照这个程序来，结果小鸟真的在哈佛大学"学会"飞了。事实上，现在大环境下的教育方式都和教小鸟飞相似，而牛顿、爱因斯坦、乔布斯、比尔·盖茨的成功，更重要的不是他们在学校、在课堂上学了什么，而是他们在自己掌控的时间里专注了什么。

每个人都应该把握好自己的业余生活，不同的业余生活方式，决定了人生的走向和高度，正如董卿说过的一句话："习惯不苦，习惯的养成过程的确很苦。前期是我们养习惯，后期是习惯养我们。"当一个人有了坚持，优秀自然就成了习惯。

不求人人为大事而来，但谋学生向阳而生——生涯目标怕不到位更怕错位

《国家中长期教育改革和发展规划纲要（2010—2020年）》明确要求：建立学生发展指导制度，加强对普通高中学生理想、心理、学业等多方面指导，未来的教育学生的生涯发展指导也必将是学校

重要的课程之一。

为了应对高考改革的需求，这一课程已经在全国很多高中学校行动起来，但按课程意义和价值，学生生涯发展指导课程更需要延伸到初中和小学。围绕新的课程已经有了很多成功的经验，但课程的实施，还有很多问题需要探讨和研究，尤其是学生生涯发展目标的设定。

很多学校都把高考作为生涯的切入点，因此，指导学生设定的常常是每科的分数、期末的名次、考上哪所大学这样短视而功利的目标。更有隐藏在这功利目标之后，没有明确示人的——考上好大学就有好工作，可以升官、发财这样的错位目标。这些正在实施的，看似合情合理、习以为常的目标，却可能为学生酝酿出人生的悲剧，而不是希望得到的光明前程。

不到位的目标难以激发学生学习的动力。深刻的道理在于，情感需要体验，学生的成长需要积极情感的引导。

这些年来，多数家长和老师给学生树立的都是类似分数、名次、大学这样短浅而功利的、更是情感空洞的目标，结果是老师、家长操碎了心、磨破了嘴，也难以激起学生学习的热情。追其根源，主要是因为学习目标定得低、定得功利、定得没个性，更重要的是所定目标不是人成长的内在追求，感动不了学生的灵魂。只有上升到兴趣、爱好、职业、事业、信仰这样的目标才会展示其强大的推动力。

在某个重点高中有位同学，初中成绩优异，考哪所高中都很轻松，但由于父母和学校在报考时过多干涉，他没能去一直梦寐以求的高

中。他可能内心有对父母、学校的抗议，上高中后就在学习上漫不经心，学习成绩远不如入学水平，父母着急，老师做工作，都没有任何改观。这个学生对商学很感兴趣，有一次学校组织去外地进行商业社团活动，他积极要求参加，虽然父母坚决反对，觉得做这些与学习无关的闲事，不如在家做几道题，但在孩子的坚持下最终还是参加了。这个学生回来之后，学风突变，学习起早贪黑，再也不用父母督促了。后来得知，是会议上的商业精英的努力深深触动了他，他因真实的模范人物而发生了根本变化。试想，如果老师、家长还是拿着分数、名次、大学这样的目标去动员他，会有这样的变化吗？

不到位的目标还可能导致学生上大学后无所追求。如果我们给孩子树立的都是类似分数、名次、大学这样的功利目标，学生一旦

上了大学，就会觉得奋斗已经成功，于是马放南山，刀枪入库，再无追求，常常沉迷于吃喝玩乐，沉迷于打电子游戏，无度地挥霍青春。

今天这样不到位、功利的目标，为社会培养出的可能就是"精致"的利己者，进一步导致人生发展目标错位。有很多寒门学子，都是本着高考改变命运的态度去学习，在这样的功利目标驱动下，考上了好大学，找到了好工作，再通过多年的奋斗，在事业、仕途上获得成功，至此，人生就将面临重大转折。如果他们不能重新定位自己的人生目标，改造自身的世界观、人生观、价值观，当其掌握权力时，很可能就会出问题。

这些年来，我们国家大力反腐，出了问题的干部有很多出身寒门，走过艰苦的成长历程，可能激励其成长奋斗的目标就是极其功利的。这些人缺少的应该是周总理"为中华之崛起而读书"的信仰，也没有鲁迅先生"俯首甘为孺子牛"的境界。

这些都让我们反省，教育应该把目标定在哪里？俗语中就有"从小看大，七岁看老"之说，家长是学生的第一任老师，也是学生成长中无可替代的导师，学生生涯发展目标的确立，是引导孩子成长的重要事情，学校教育可发挥作用，但目标的根源还在家庭教育。

孩子长大有没有清晰的生涯发展目标，学校教育能否培养出学生的个性品质，学生生涯发展目标是否定位准确，根在学生的"三观"，"三观"形成的根子在家庭教育。前一段时间，网传一篇文章，一个孩子在一次励志演讲中，非常坦然地讲，自己的人生目标就是发财。

面对这样极其自私的人生观，网上却有一大批拿着"人血馒头的人"在围观，甚至赞扬观点没错，赞扬孩子率真。先暂且不说目标能否实现，能想象得到的是，有这种强烈人生目标的孩子，将来若真正掌握了足够大的权力，他会干什么，结局会怎样？如果孩子未来是悲剧，家长一定就是导演。

学生生涯发展规划目标，看似是学校某一课程设计，但其实质是人生的设计，是学生成长的"坐标"定位，如果学生时代目标偏失或错位，就会把学生的人生导向歧途。

孩子先"向内生长"才会飞得更高

孩子从有生命迹象起，家长就开始着急，没出生怕先天不够聪明，出生后怕输在起跑线上，这都是人之常情。三岁看大，七岁看老，趁早教育孩子，无可厚非，家庭培养一个优秀的孩子，就是对国家一份重大的贡献。

关键是起跑线怎么跑。

非洲草原上的尖毛草，是非洲大地上生长得最高的毛草之一，有"草地之王"的美称，但是它的生长过程十分怪异。在最初的半年里，它几乎是草原上最矮的草，只有一寸高，人们甚至看不出它在生长，那段时间，草原上的任何一种野草，长得都要比它旺盛，没有人能看出尖毛草会是今后的"草地之王"。但在半年后，在雨水到来之际，尖毛草就像是被施了魔法一样，以每天一尺半的速度向上疯长，三五天的时间，它便会长到一米六至两米的高度。科学家的研究表明，尖毛草其实一直在生长，但它不是在长身体，而是在长根部。在长达六个月的时间里，尖毛草的根部长得超过了28米，无声无息地为自己的将来做准备。一棵草，竟然有28米以上的根，这是多么罕见的现象。当蓄积了足够的营养和能量后，尖毛草便会一发而不可收拾，在短短几天的时间里，一下子长成了草地之工。

宇宙万事万物有前因必有后果，无一件事物只有前因而无后果，或只有后果而无前因。毛尖草，向内生长，在干旱季节，水分在地下，和别的植物比较，它选对了方向，在该阶段进行了充分的储备，当雨季来临时，才会厚积薄发，势不可挡。

"蒙以养正，圣功也。"一语道出教育的至高目标——养正教育。教育要慎始，选择方向，是人生最重要的课程，决定了一个人未来的发展。养正教育是奠定孩子一生为人处世、成家立业、幸福成功的基础，养其正心正德正己——纯善的心、好奇心、进取心；对事对物应有的正确态度——有责任感、勇于担当；自我行为的约束——

自信、专注、坚毅。"养正"的过程，就是孩子"向内生长"的过程，孩子养成这里面任何几点，如好奇心、专注、坚毅，就不用再纠结于当下的学习，因为孩子已具备了一生发展的深厚积淀。

明代著名思想家、军事家、政治家、哲学家、文学家、书法家，心学集大成者王阳明也曾说过：立志用功，如种树然。方其根芽，犹未有干；及其有干，尚未有枝；枝而后叶，叶而后花、实。初种根时，只管栽培灌溉，勿作枝想，勿作叶想，勿作花想，勿作实想。悬想何益？但不忘栽培之功，怕没有枝叶花实？

孩子今天把根"养正"，我们还用担心将来的干、枝、叶、花、实吗？深度剖析今天的人才，表面是专业学识，但深层一定是蒙童时"内生的品格"。因此，做好的教育，不只是去功利之心那么简单，还应有等待孩子"向内生长"的耐心。

怎样让孩子的学习快乐起来

前些年有这样一个网络段子，一个四岁的小朋友走到小区

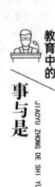

门口，突然抱住一位叔叔的大腿说："叔叔你娶我吧，结婚就不用上幼儿园了。"最近朋友圈又疯转一位爸爸挥泪送女儿的信："亲爱的未来亲家你好，我女儿有房有保险会游泳，年满18会配车，过年随便去哪家，可以不要彩礼，结婚嫁妆配好，送车送房，包办酒席，礼金全给孩子。唯一的要求，能不能现在就接走，把作业都辅导一下，谁家的媳妇谁养！"虽然这些网络段子都有调侃、幽默的成分，但也从另一个侧面反映出全民对教育的焦虑。

教育是每个孩子成长都无法跨越的坎，那么让孩子快乐地学习就是每个成长中的孩子、每位父母、每位教育人的梦想。

有人说，学习根本没有快乐！这个观点一定是偏颇的，因为，从哲学的角度思考，任何事物都有两面性。仔细品来，学习本身就有很多快乐，比如"识知之乐"，即认识新鲜事物充满快乐；"艺术之乐"，即教学本身就是一门艺术，很多优秀教师的风采使很多学生成年后也不会忘怀；"个性之乐"，即每个学生都有自己个性特长，天生就有喜欢的事物；最普遍的就是"甘来之乐"，这一观点认为学习就是孩子的劳动，人一生中最多的快乐就是经过劳动获得成果并进行分享。

很多孩子、家长、教育人看不到教育的快乐，主要是因为他们更关注问题，从而被表象蒙住了发现快乐的双眼，被浮躁扭曲了体验快乐的心灵，被功利绑架了快乐的教育行为。

让孩子享受学习的快乐，责任首先在家庭。家庭教育是孩子成长的根，俗语中就说：孩子成长从小看大，三岁看老，孩子品格的养成，主要是来源于家庭教育。当父母培养出了一个有好奇心的孩子，探索未知世界就是他最大的快乐，有好奇心的孩子，搞明白天上为什么下雨是快乐，顿悟一个物理规律、解开一道数学难题一样会快乐。当父母培养了一个性格坚毅的孩子，战胜自己就是最大的快乐。玩耍时跌倒了，不会找父母叫屈，拍拍身上的尘土，站起来还会向终点奔跑。有坚毅性格的孩子，成长过程中，学习的世界里，每个难题都不过是他成长路上的垫脚石，攀登人生高峰的阶梯而已。当父母培养了一个豁达、乐观的孩子，玩具、图书、小动物都会是他儿时的伙伴，课本中的模范人物就是他前行的明灯，数学公式、物理定律、化学方程就是他开启世界之谜的金钥匙，天文、地理，音乐，美术就是他人生的彩霞，学习过程的艰难险阻，就是成长过程中的闯关游戏。快乐是一种体验，体验快乐也是一种能力，如果家庭教育能让孩子人格健全、情操高尚，那么在他的眼中，世界上的一切都将是美好的，学习自然也会成为一种快乐。

让孩子快乐学习，学校教育更是责无旁贷。丰富教学方法，改善教育环境，开发适合学生的个性化课程，提升教学效率，做用心、有爱的教育，做唤醒、引导的教育，方方面面学校都大有可为。

让学生快乐学习，国家顶层设计更是关键。供给侧改革要真正落地，让教育安静，让教育回归本真；教育要以人为中心，各种配套改革就不能躺在文件上，停在愿望中，从课程目标、学科设计，到教学评价都要科学地加以落实。2018年发布的《普通高中课程方案和语文等学科课程标准（2017年版）》，笔者认为并不理想，看似学科知识体系更完善了，内容更丰富了，但这样的思路可能让教育离改革最初的方向渐行渐远，教育市场化规模化发展我们已经反思。从单个学科的角度看，"学科体系更完善、知识更丰富"无疑是好事，但站在学生角度思考，就有所不同了。今天中小学的知识量的要求，已经远多于其他国家，再增加，教育何以堪，学生何以担。因此，快乐教育更需要顶层的科学设计！

让学生快乐学习，社会更该包容。社会进步要包容孩子个性的存在，包容职业的选择，剔除"万般皆下品，唯有读书高"的思想，社会要有"三百六十行，行行出状元"的胸怀。

让孩子的学习快乐起来，不只是学习"术"的改进，更需要"道"的进步，孩子能否快乐地学习，不仅是学校、家庭的事，更是国家、社会共同的责任，虽然不是明天就可实现，但只有行动起来，就一定会越来越靠近理想的彼岸。

学习的快乐点在哪里

　　"快乐教育"是一个充满魅力的教育，让学子期待，让家长翘首。很多教育专家都在倡导快乐教育，有的学校已经把快乐教育作为学校的办学理念，但也不乏质疑，像某大学教授所说，快乐教育是教育的最大的一个骗局。众说纷纭，那么教育的快乐点到底在哪里呢？

　　学习确实是个很苦的过程，但回味一生，读书的时光却是很多

人最难忘怀的岁月，有人说因为那是梦想的年龄，花季的青春，但这绝不是全部和主要的原因，真正让这个年龄魂牵梦绕的，是从懵懂无知到豁然明了的激动与愉悦，那就是学习的快乐。

第一是"识知之乐"。

伟大哲学家培根就曾说过："知识是一种快乐，而好奇则是知识的萌芽。"人天生就有好奇心、探索欲，我们学习的过程就是认识这个世界的过程，学习知识本身就有很多快乐。我们都会记得小学时听过的有趣的龟兔赛跑的故事，都喜欢智慧勇敢的铁臂阿童木，上了初中学习杠杆原理后，终于明白牛顿说"给我一个杠杆，我可撬动地球"的道理，明白滑轮组合为什么可吊起那么重的东西，再大一点就懂得欣赏化学分子的结构美，用冲量定理解释很多神奇的现象，还有《赤壁赋》的大气磅礴，《再别康桥》的含蓄深挚，等等。从出生开始，我们每个人享受的最多的快乐就是学习认识这个陌生的世界，这样的人性需求指导我们，不管是国家课程还是校本课程，都应保持鲜活。

第二是"艺术之乐"。

课堂教学也是一门艺术，很多老师都因有这个天赋而从教。在课堂中学生都融入其中，汲取学识，课程结束还意犹未尽，欲罢不能，在兴奋中期盼下次老师的到来，这就是学习真正发生的课堂，也是学生终生难忘的快乐。

第三是"天性之乐"。

多元智能理论告诉我们，每个孩子都是独一无二的，他们都有独特的个性。现代教育也特别强调学生的个性发展。学生在学习的过程中，一定会有自己喜欢的项目、喜欢的学科，因兴趣而喜欢，因喜欢而快乐学习，每个人在学习阶段都会享受这份快乐。

第四是"甘来之乐"。

著名作家高尔基说过："我知道什么叫劳动：它是世界上一切欢乐和美好事情的源泉。"学生的学习也是学生的劳动，当起早贪黑学业取得进步时，当顶风冒雪研学获得突破时，这也是每个学子刻骨铭心的快乐。

学习之乐来自"识知、艺术、天性、甘来"，想办快乐教育，就要有丰富多彩的课程，即需要国家课程改革，地方、校本课程高水平开发，要提高教师的教育艺术，要关注学生的个性发展，要让孩子体验学习、分享收获。

其实，把学习当成快乐，也是一种能力，这种能力基础在于思维方式，而决定一个人思维方式的往往是灵魂深处的人生观、世界观和价值观，这是教育的根本问题。正确、积极的"三观"会孕育出健康的思维方式，用这种积极的思维方式看世界，看学习过程，一定也是处处充满快乐的。

只知学不知去哪里——教育之殇

　　每到报考季，到处可见这样的现象：两位家长拿着一堆报考资料，到处找专家咨询如何填报志愿，后面默默跟着的是要填报志愿的孩子。如果问我们未来的小主人想考什么学校和专业，得到的答案往往是"不知道，问我爸妈吧，他们说了算"。

　　面对此情此景，不禁让很多人感慨为人父母的可怜，怜的是天下父母心；感叹做孩子的可悲，悲的是都已经成年了，心中对未来

还是一片迷茫，奋斗十年，竟不知自己的目标在哪里。悲怜之余，冷静下来看到的应是教育之殇。

这教育之殇来自家长无微不至的爱。

孩子想自己系鞋带、自己吃饭，家长觉得太慢，索性包办；孩子想做些家务，家长觉得孩子是捣乱，常对孩子嚷嚷"去，去，赶紧写作业去"。孩子不想上补习班，家长常冠上"这都是为你好"的标签，以"爱"的名义绑架孩子让其失去思考能力。家长如此，出现小学生望"虾"兴叹的现象也就不足为奇了。也正如一位学者所说：替孩子扛住一切，孩子怎么可能扛起世界。

这教育之殇来自家长的育儿观。

"学会数理化，走遍全天下"，我们有很多家长都觉得只要孩子学习好就可以，其他都可以忽略。神童魏永康的母亲就是这么认为的，神童成绩有多好，可以概括为：两岁掌握1000多个汉字，四岁学完了初中课程，八岁进入重点高中，13岁考入湘潭大学物理系，17岁又考入中科院高能物理研究所，硕博连读。这样的学习成绩，让人叹为观止，可神童却仅仅因自理能力差，被学校劝退，连研究生学历都未取得。

这教育之殇来自以"学科为中心"的教育思想。

现在仍有很多学校教育以学科教育为核心，课堂以学会知识为目标，以总结出规律为优秀，很少关注作为教育主体的"人"。多

年的学科课程把本来应该独特唯一的人，慢慢同质化。同质化的教育没有关注到学生的个性，学生自然也就不知道自己该干什么，能干什么。

这教育之殇来自校园的封闭。

情感需要体验，意志需要磨炼，技能需要实践。如果我们只把孩子封闭在温馨的校园内，各个都成了温室的花朵，只知书本，未见世界的精彩，又怎么会知道自己未来该选择什么呢？也有专家说过，一个孩子如果不能适应社会，学再多的知识也没有用，大学毕业就是失业的开始。

这教育之殇，让本应阳光快乐的少年，漫无目的地在书堆中求索，让本该是前行动力的目标，变成孩子今天的"负担"，父母本该是孩子成长的引领者和促进者，如今却变成永远卸不下重负的脚夫。这教育之殇的核心，就是我们的家庭教育、学校教育只注重走知识路线，却目中无"人"，没有关注学生的个性发展，没有让学生形成自己的个性。由此可见，今天我们倡导的个性化教育，就是回归教育应有的样子，我们推进的学生发展指导，也是以融合课程的方式，促进学生积极、主动、自主的发展。

研学还应该去哪里

"真正的世界不在你的书或地图中，而是在门外。"这是电影《霍比特人》中的一句话。我国传统文化中也有"读万卷书，行万里路"的古训。2013 年 2 月 2 日，国务院办公厅下发了关于印发《国民旅游休闲纲要（2013—2020 年）》的通知，《国民旅游休闲纲要（2013—2020 年）》中提出"逐步推行中小学生研学旅行"的设想。自此，研学开始成为素质教育的新内容和新方式，旨在提升中小学生的自理能力、实践能力和创新精神。

这些年来，每到假期，到大城市、到高校、到国外等各种研学如雨后春笋，遍及大江南北的校园，孩子选择不同的研学之路会有不同的收获，但对于在家庭和校园温室中生长的孩子，其实最缺少的是到大自然中去。

很多医学专家认为，自然环境中居所的减少是幼儿肥胖、注意力紊乱、抑郁的重要原因。森林幼儿园在 20 世纪 50 年代发源于丹麦，风行于德国。目前，德国全境已有超过 1500 所森林幼儿园，而且已经拓展到了欧洲以外的地区，日本有上百家，韩国正在蓬勃发展，

美国、加拿大也开始试办野外幼儿园。在森林幼儿园中，森林就是教室，大自然就是老师，森林里的原木、石头就是课桌椅。老师只进行看护和引导，孩子才是学习的主人，在游戏中发展身心。冬天玩雪，体验寒冷；夏天玩树枝、爬树、和泥巴、捉小虫，探索自然。

在美国有一项做了一百多年的"4H"教育，"4H"就是 Hand、Head、Health、Heart 的简写。顾名思义，这种教育强调孩子要"手、脑、身、心"的和谐发展，鼓励孩子们从大自然和日常生活中撷取知识和掌握技能，进而在生活中建立积极的人生观的教育哲学。

这些年来，由于各种原因，我们的幼儿园、中小学的教育几乎都封闭在校园内，缺少到大自然中增长智慧、磨砺品质、学会生存的机会，教育演绎的是校园修建得越来越美，围墙也筑造得越来越结实，孩子们在这美丽、舒适的校园中成长，编织着征服世界的童话。

国家提出研学要求，是培养学生全面发展的重要举措。由于认识需要过程，社会也为此准备不足，这项意义深远的育人活动目前多被旅游市场嫁接，利用他们成熟的旅游路线，应对学生成长的必备课程。因此目前研学市场更多的是把目光只盯在大城市、盯在大学、盯在国外，忽略了同样具有价值的大自然的研学之旅。

到生活中去，到大自然中去，是学生成长不可或缺的行程，我们做的还很少。我们应共同努力，集结更多的社会教育力量，为学生成长助力，鼓励家长发挥作用，更应鼓励学生自发组织研学旅行。

学科教学融合生涯教育策略

教育改革以来，学科渗透一直是教育研究的一个主题，二十个世纪八九十年代人们研究学科教学如何渗透德育，二十个世纪九十年代至二十一世纪初教育重点研究学科教学渗透心理健康教育，课程三维目标的提出应是这些研究的成果。现在，教育又提出了学科

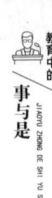

教育要渗透学生生涯发展指导，这些做法均体现出当前教育改革所倡导的融合教育的思想。深度解析学生生涯发展指导目标的要求，可以得出结论：在学科教学中，全面落实课堂教学的三维目标，尤其对过程与方法，情感态度价值观的落实，就是落实学生生涯发展指导最基础的课程。

深度解析国家的各项改革，它们都不是孤立的，都有共同的指向，即学生的发展。教育部印发的《关于全面深化课程改革落实立德树人根本任务的意见》中有个词组引人关注：核心素养体系。文件强调，教育部将组织研究提出各学段学生发展核心素养体系，明确学生为适应终身发展和社会发展需要而应具备的必备品格和关键能力，突出强调个人修养、社会关爱、家国情怀，更加注重自主发展、合作参与、创新实践。而这些要求就是学生生涯发展指导的核心要义。从广义讲，落实学科核心素养，就是在学科教学中落实学生生涯发展指导内容。

从具体学科的学科核心素养看，每个学科核心素养中都有生涯发展指导需要的支撑点。比如语文学科素养中的思维品质、品德修养、审美情趣、个性品格、学习方向、学习习惯，数学学科核心素养中的逻辑推理思想、数据分析观念，历史学科核心素养中的时空观念、历史价值观，政治学科核心素养中的政治认同、理性精神、公共参与等要素，体育学科核心素养中的健康行为、体育品德，等等，这些人生发展必备的素养离不开学科土壤，否则就会失去生命力。

从学科实际教学上看，抛开广义价值，在学科教学中可以重点从四个方面入手：

其一，认知世界，了解职业。人类对社会与自然的认知，基本上都要通过直接经验和间接经验这两个途径获得，由于每个人活动的空间范围、时间长度都是有限的，因此，人类的认知大都来自间接经验。学校的学科教育就应该是学生发展过程中认知世界、了解职业的重要途径，比如政治学科的教学内容"走进国际组织"，就是让学生通过学科学习初步了解这些远离自己但与国家命运息息相关的国际组织，也许这节课就开启了学生走向世界的第一步；再如，当年魏巍的一篇《谁是最可爱的人》，让多少热血青年穿上了军装。

其二，模范人物，建构品质。发挥模范人物的榜样作用，是学生生涯发展指导过程中重要的课程。身边的模范人物影响力是很大的：比如回校讲学的校友、学识渊博的老师、名人等，都可能成为学生未来努力的方向。但书本中的模范人物也同样有价值：在高中政治课"价值的创造与实现"的学习中，同学们受到了在最平凡而艰苦的岗位上创造非凡价值的焊接工人李万军的精神鼓舞，学习热情空前高涨；"用信念书写历史，用价值铸就人生"是历史课，张仪、张骞、钱学森等历史上鲜活人物的事迹一样激发了学生对人生价值的追求与责任担当意识；"'一蓑烟雨任平生'的苏东坡"是高中语文课，学生在学习中无不被苏轼旷达、豪爽、乐观的性格所感染；在一节"群文阅读"教学中，关于台湾平均 81 岁的梦骑士队员为梦

想扔掉拐杖的励志文章，让学生感受到梦想的力量。数学、物理、化学、生物课中那些科学家，每一个人都可以成为学生成长的坐标。

其三，课程实践，浅度体验。新课程改革突出的一个特点就是强化理科与科技、生产实践相结合，文科与社会、时事相结合，很多结合的过程就是学生进行初步职业体验的过程，学科教学中所有的实验课程，课堂学生的发言，还有课程中的辩论、陈述和协作，这些不是真实的社会生活。但通过这些活动，也可初步判断学生可以做什么、适合做什么，因此我把它叫作"浅度体验"，其实老师对学生未来的职业指导很多都来自于此。比如，实验课可以看到自己的动手能力，预测未来可不可以做技术工作；课堂发言的思辨能力，判断未来是学理科还是工科，演讲、辩论可以看到学生的语言和思维，判断学生是否适合组织社会活动、是否适合做管理工作、是否适合从事教师职业等，这种浅度体验，也是学生生涯发展指导很重要的一部分。

其四，学习规划，适应未来。未来社会将会处于快速变革之中，学生未来会经常站在不同的起跑线上，因此，学生生涯发展指导的一个很重要的目标，就是让学生学会规划，而这种规划能力，可以依托学科教学来培养。高一英语有一节课"旅游日记"，融合地理学科"旅游景观欣赏"，让学生通过策划旅游方案来学习规划人生的基本方法。

学科教学是学校教育的主阵地，自然也是指导学生发展的主渠道，因此，学科教师在学生生涯发展指导这项改革中责无旁贷要担负起主力军的任务，但也不能为了渗透而渗透，改变学科教育的本来面目，融合应该以"促进学生综合素质发展"为准绳。

学校"懒一点"恰可找到最好的职业体验渠道

《国家中长期教育改革和发展规划纲要（2010—2020年）》和《国务院关于深化考试招生制度改革的实施意见》，都明确要求高中要开展学生生涯发展指导，这样要求的重要目的之一，就是要打开学校教育和社会的壁垒，通过生涯体验课程推动学生去了解、认知、体验社会，更深层次原因是学生在成长过程中意志需要磨炼，情感需要体验，技能需要实践，学生只有经历磨炼、体验、实践，才会真正成为社会需要的人才。那么对于这项工作，我们教育工作者该怎么做呢？

俗话说：懒家长，往往可以培养出优秀的孩子。中国家庭教育目前很突出的一个问题就是家长常常表现得过于"勤快"：孩子小的时候替背书包，帮写作业；大一点帮孩子选大学，找工作。父母

的过多代劳，可能让孩子失去独立成长、变得优秀的机会，这种做法也越来越受到社会的批评。而作为孩子成长的另一个重要场所——学校，也存在这种思维，暂且不说传统课堂教学中教师"勤快"地灌输，只看学生发展过程中的社会实践或者是生涯规划中的职业体验，我们是怎么做的呢？这项工作目前的思路大致有三个：

一是政府统筹规划为中小学生成长建设实践基地，这也是我们国家实施生涯教育、促进学生职前体验的一项重要举措。

二是学校自行开发社会实践基地，每个学校能开发的数量和质量，也是学校办学水平的一种体现。

三是通过学生家长、亲戚朋友的社会关系，为学生找到精准的、适切的实践基地，让学生进行深度体验。

　　这三个思路，基本代表了目前我国社会实践或职业体验的主体路径。可以肯定地说，三条路径都有它的重要价值，在教育改革和发展中都发挥了应有的作用，但也存在一些问题：一是由于政府、学校资源有限，学生家长职业局限，这些路径很难满足学生社会实践或职业体验的个性化需求；二是更应看到，这三个途径都有一个重要特征，即孩子的实践或体验基地都是已经被安排好，学生只要带着想法去就好，无意中学校在学生成长的过程中也扮演了"勤快"家长的角色。

　　因此，为了让学生得到更好的磨炼，学校可以"懒一点"，鼓励学生根据自己的志向，面向社会各行各业，主动寻找和联系体验基地，虽然对于"社会机构是否愿意承担为学生提供职业体验的任务"这一课题没做过大面积调研，但是针对相关话题我也和大学教授、知名主持人等聊过，他们认为如果自己遇到这样的孩子，尤其是在无人介绍、孩子主动约见的情况下，他们都会很欣赏这种做法，并会尽量帮助孩子们实现愿望，为孩子提供体验的机会。实际上，学生与社会机构的联系过程也是最可贵的成长教育过程，而且，学生主动联系的机构才可能是他最想去的体验场所。在国外也存在很多教育机构组织的夏令营、冬令营，但社会共识更提倡由学生自行设计、自主参加的活动，毕竟，独立选择才是学生最好的体验。

　　这些年来，我们每个学校都开展了一些综合实践课程，最有价值的正是由学生自己策划、自己组织的实践课程，其中既包括去工厂、去农村、去大学实验室、去博物馆、去医院，也包括做义卖、做环保、

做义工、做推销员等，它的价值体验不仅在内容，更在于学生是否全程参与！因此，我们在做学生生涯指导时，学校不要一门心思找基地、找家长，更应该锻炼学生的胆量、能力，动员他们自己寻找、联系体验基地，即使只有少部分学生成功，没成功的学生经历了这个过程的价值也是无限的。做真教育，我们的学校、教师要学会放手，让学生展开翅膀，自己体验飞翔，未来一定会飞得更高！

体育是培养创新人才最可贵的课程

每当人们探讨培养适应未来发展的人才时，大都会把着力点放在语、数、外等科目，很少有人关注到体育学科，即便看到，关注的还是加强体育锻炼，增强人的体质，看不到体育课程在学生人文素养培养方面所蕴含的巨大能量，看不到未来人才所需要的人格、品质都会在体育课程中得到最充分的历练和培养。

有人说：体育是一项顶级的教育。许多人把体育比赛的过程比作浓缩的人生，因为它可以使人在高潮与低谷、顺境与逆境中短暂地体味人生的况味。早在周朝时，社会精英要掌握的"礼、乐、射、御、书、数"六艺中，除了思想政治的"礼"、文艺熏陶的"乐"，"射"这么一个纯体育运动排在第三位，而作为文化课学习的"书"和"数"都排在它的后面。1919 年，我国伟大的教育家蔡元培先生就提出了"完全人格，首在体育"的观点。

威灵顿公爵说过："滑铁卢战役取胜于伊顿公学的运动场上。"近 600 年来，那些 11 岁的小男孩们走进伊顿，几年的摸爬滚打，完成的是生理、心理、知识、体能、思想和社会责任感的全面成长。在现在的英国学校中，人们公认的最优秀的学生不是学习成绩最好的学生，而是橄榄球和马球的好手，在就业中西方金融机构也都愿意招募有运动员背景的操盘手，因为运动培养了他们果敢的性格。

英国一个普通学校做了一个对比实验，同一年段一个班的体育课时间每天比另外一个班级多一个小时，几年之后这个体育课时间长的实验班的孩子不仅综合素质明显高于对比班，就连文化课成绩也明显好于对比班。北京二十二中的孙维刚老师、人大附中的王金战老师也是这样，王金战老师带的班级 55 人中，37 人考入了清华、北大，10 人进入剑桥大学、耶鲁大学、牛津大学等世界名校并获得奖学金，不仅如此，他的班级中学校运动会冠军、足球赛冠军、音乐才子、辩论高手、电脑奇才、跆拳道高手比比皆是。

体育是最能塑造人阳光性格的课程。在很多场合我们都会发现，爱好体育的人都是最活跃的，因为体育让他们学会交流，让他们开朗，

让他们浑身充满活力，让他们掌握了把大家调动起来的能力。

体育让学生坚强，培养了学生的毅力、勇气、自信心以及抗挫折能力。这些品质也是创新人才最核心的品质。任何一项体育运动都需要长期刻苦训练和勤奋学习积累，任何一项比赛的胜利都需要洒下汗水或拼尽全力。任何一项体育比赛都要有胜败，有的还要挑战人体极限，这无疑是培养人坚强的毅力、敢于拼搏的勇气和舍我其谁的自信心的最好的方式。比赛往往只有一个冠军，一场比赛也只有一方获胜，在体育运动中，总有比自己厉害的对手，永远没有常胜将军，体育需要每个人都要正确且敢于面对失败和荣耀。

体育还是一项充满智慧和需要专注力的课程。不管是什么体育比赛，武术、体操也好，篮球、足球也罢，处处都需要运动员的智慧和专注，一次马拉松比赛，体能分配、战术位置同样需要智慧和专注，武术、体操的每个动作更是如此。

体育让人学会竞争，敬畏规则。每一项体育运动都要竞争，但都有规则，违背规则就会受到处罚，长期坚持体育运动会让人敢于面对竞争，领会规则的权威性。

体育是最彰显团队合作意识的课程。在团队合作的比赛中，不管你在赛场的什么位置，每个人都要各司其职，但更要互相补位，为彼此创造机会，它锻炼了学生在复杂情况下的协作意识和沟通能力，可能一个简单的肢体动作，伙伴就会心领神会。

体育课程还能培养人的领导力和执行力。大多数体育项目参与的是一个团队，怎么把团队有效地组织起来至关重要，团队的凝聚力事关比赛的胜负，每个成员都需要扮演好自己的角色。体育运动是靠身体形变实现的，所以需要运动员在行动上比他人要快，体育运动能够使人在长期运动实战中提升自己的执行力，而这种执行力将深入人的骨髓。

当然，有效的体育课程不必拘泥于传统的篮球、排球、足球、乒乓球、羽毛球、田径、体操等项目，也不必局限于全国统考的跆拳道、攀岩、垒球、摔跤等特殊项目，只要是有益于身心放松的活动都可以采用，而我们的活动指导教师也不必都是专业教师，甚至可以是学生。可以随机抽查，在基础教育的课程中，孩子们最喜欢体育课，快乐学习在其他课程中可能只是一个愿景，但在体育课程中真的可以看到，这不仅诠释着体育课程的魅力，更为培养创新人

才提供了可贵的途径。

别误读"得语文者得天下"这句靓词

2018 年 1 月 16 日，教育部召开了新闻发布会，介绍了《普通高中课程方案和语文等学科课程标准（2017 年版）》，2020 年，教育部发布了《普通高中课程方案和语文等学科课程标准（2017 年版 2020 年修订）》，在新的方案和课程标准中，语文学科的变化最大，要求更高，因此，有人说，"得语文者得天下"，这句话虽带有一定的功利色彩，却也有一定道理。但可怕的是人们对这句话的误读，把改革涂涂抹抹又指导回应试的老路上，误国误民，误人子弟。

最为典型的错误解读就是，语文是"拉分王"。说语文是学霸之间拉分的利器，这是一个没有科学依据的主观臆断。语文看似要求高，变化大，但在任何一届学生的高考成绩中，语文的"离均差"和其他学科比较都是较小的，尤其这几年高考语文难度增加，涉及知识面更广，高考时学生语文成绩 130 分以上的很少。而像数学学科学生 140 多分的都有很多，甚至有的学生能达到满分，而分数低至几十分的也比比皆是，因此，完全从高考的角度看，说语文是拉分的学科，这是典型的对高考的不了解，对国家高考改革方案和课程标准的曲解。

如果要研究高考和分数，语文学科的价值则不在于拉分，语文学科是所有科目的基础，学生的语文水平决定了其他科目考试成绩的可能性，也可以理解为，各科考试科目都是对学生语文水平的持续考查。这点在 2019 年高考中就得到了很好的印证。比如 2019 年全国 1 卷高考作文和 2019 年江苏卷高考作文，没有广泛的语文阅读积累是很难完成的。

在其他学科上我们也不难看出：数学卷子上的题干字数有所增加，如果学生阅读水平没有过关，对文字的理解能力不强，就不能快速地对信息资料进行归纳、整理和分类，不能将实际问题提炼成数学问题，这会直接影响学生的做题速度，可能会有考生根本就做不完题。这虽然不是"得语文者得天下"的正解，但也确实说明语文学科的重要。如果教育人用莫须有的"拉分王"和功利教育产物的"应对考试基础"的认知来指导语文教育，不但不利于高考，不利于人才培养，更远离了国家课程改革的初衷。

重视语文教育的初衷应该在于：

新版课标在强调发挥语文育人功能的同时，明确提出立德树人、文化自信的理念；在强调课程结构开放的同时，还提出时代性、多

样性的理念。汉语是我们的母语，中华民族几千年的智慧和美德，无不体现于此，大思想家王明阳主张"蒙以养正"，新时代提出"立德树人是教育根本任务"，这些都需要实践和体验，但文化传承、经典示范也是重要组成部分，课程标准中大量增加了传统文化内容，特别是大量增加古诗词，其目的不在于选拔考试，而是让学生在传统文化中汲取民族文化精髓。开放性课程结构，不是为了应试的知识储备，而是为了让学生在阅读中增长智慧。学习知识是为了有"德

行"，尤其是语文学科。国内语文学科曾一度被工具性左右，忽视了语文学科"工具性与人文性的统一"的基本特点。语文教学不仅是听说读写的技能训练，还担负着认知教育、情感教育、人格教育等任务。"以语化文"的振聋发聩的呼吁，就是对语文学科德性回归的呼吁。于漪老师将语言学习立足于民族精神传承和个体精神塑

造的层面上，认为"语言文字不是单纯的符号系统，而是一个民族认识世界、阐释世界的意义体系和价值体系"。这一论断，将语言文字的德性提到了前所未有的高度。因此，得语文即是得"立德树人"的利器。

重视语文教育的初衷还应在于：

新课标明确语言的重要地位，指出语言文字不仅是人类文化的重要组成部分，还存在于人类生活的各个方面。有些科学家认为，人类的知识90%以上是通过视力获得的，而阅读就是其中最主要的途径。通过阅读前人留下来的各种资料，可以使我们避免许多重复的试验和无效的劳动，直接在前人的经验和成果的基础上，从事高起点的研究和创造。

人类作为一个社会群体，离不开以语文水平为基础的语言沟通，学生说的话得体恰当才能交到更多好朋友，才能得到老师更多的帮助。将来走上社会，找工作应聘时也需要推销自己，这时候的语言尤为重要，讲得好，你就能从众多的应聘者中脱颖而出，获得自己想要的工作，讲得不好就只能被淘汰。有个极端的例子，古代有一个国王，一天晚上做了一个梦，梦见自己满嘴的牙都掉了。于是，他就找了两个解梦的人。国王问他们："为什么我会梦见自己满口的牙都掉了呢？"第一个人说："国王，梦的意思是，在你所有的亲属都死去以后，你才会死，一个都不剩。"国王一听，龙颜大怒，杖打了他一百棍。第二个人说："至高无上的国王，梦的意思是，

您将是您所有的亲属中最长寿的一位呀！"国王听了很高兴，赏了他一百个金币。极端有极端的深刻，同样的事情，同样的内容，为什么一个会挨打，另一个却受到嘉奖呢？良言一句三冬暖，恶语伤人六月寒，可见语言艺术的魅力之大。

美国教育家杜威曾说过："教育即生活。"这句话告诉人们，人类生活需要教育，教育奠基现实生活。今天高中课程改革方案和新的课程标准的确立，其实质是回归教育对人的关注，我们教育人不能新瓶装旧酒，出台什么新的方案都往分数上靠，而是应该深刻解读，抓其实质，让教育在希望中前行。

学生个性急需用班集体点亮

如今，个性化教育在基础教育大地上，如雨后春笋，焕发出勃勃生机。在理论层面，它是新课程"以人为本"理念的具体体现，是多元智能理论发展的必然结果；在实践层面，国家新的课程改革和高考改革方案中，"六选三"就是为学生提供的个性化服务策略，有的专家提出的"差点教育""率性教育",也应该是个性化教育的具体实践。

前段时间看了《奇葩说》中的一段视频"高晓松炮轰清华男神",这一生动的案例告诉我们,学生个性化发展还真的任重而道远。一个在清华大学出了名的优秀学生,法律本科,金融硕士,新闻学博士,上台后高傲地亮出了自己的身份,问的却是他这样的经历应该找什么样的工作!老师们炮轰的是我们国家最高殿堂培养出来的"最

优秀"学子,没有为天下人立命的家国情怀,竟然还在考虑找什么样的工作!在这个事情的背后,折射出来的是教育"立德树人"任务的艰巨,更应看到的是教育还没有真正培养出学生的个性特长。

目前,学生的个性培养,主要还是来自家庭和特殊的社会教育。因为国家提供的是统一的课程,虽然学校提倡对课程进行个性化实施,但是难有太大的力度;学校也在着力开发个性化的校本课程,

但在班级授课中，集体教育为主导，培养学生的个性能力有限。然而，到了入学年龄，孩子受教育的时间大部分是在学校，虽然学校从课程方面培养孩子个性化能力有限，但是可以从管理上，借助集体教育的优势，想方设法"点亮学生个性"。

现今社会，采取的是班级授课制，而且最理想的班额是 18 人到 25 人，不是越少越好。班级授课的优势可能就在于集体的相互帮助、相互监督、相互管理、相互促进，学校可能很难为每个孩子提供深度的个性化课程，但是可以利用班集体的优势把每个学生的个性"点亮"。有这样一件事，可以给我们很多启示。当专家走进一个班级，问学生们这个班级中谁最优秀，在中国可能学生们会马上异口同声地说出他的名字，而问国外的学生，大家会集体失声，因为这个问题大家根本回答不了，同学们想的是"你问哪方面最优秀"，这就是东西方教育的区别，但也是我们教育可寻找的突破点。我们可以按照这个思路，从学习到生活，再到社会活动，真正在班集体中树立起不同方面的最优秀者，如果把学生放在社会竞争中，可能每个人的优势并不明显，但在一个普通的班级中，这份不同就可能很耀眼。在班级中最优秀的学生可以是学科方面的，比如班级中的"华罗庚""爱因斯坦""高尔基"等等，可以是学科中的某个特长，比如我们班的"几何之王""神算""识字大王""辩论家"等等，也可以是学习之外的"围棋之王""象棋之王""篮球之王""百米王"等等，还可以是生活中的，如班级的"徐霞客""班级的活地图", 或者是"爱心使者""家务能手"等等, 凡是能够想到的, 学生也能够做到的, 都可列入"班级最优"的评选, 并围绕其特长, 采取一定的有效方式, 让班级同学真正认可。学校还可以把这样的活动从班级上升到学校层面, 让每个学生真正发挥自己的特长, 并依托这份特长在集体中找到自信。这份自信, 也许与书本学习无关, 但在学生成长的过程中, 任何一个可贵的品质, 一旦形成, 就会带动其全面而深入发展, 从而点亮学生的人生。

英国诗人斯宾塞说: "个性是一个人的最大的需要和最大的保障。"我们不去论证其正确与否, 但伟大的人物一定都有其鲜明的个性, 点亮学生的个性, 就是点亮他的人生, 不仅有助于学生在未来事业上找到方向, 更能够让其生命焕发活力。

教师的大智慧是什么

　　智慧教育、智慧课堂、智慧课程……这些年来与智慧相关的教

育如雨后春笋，在教育的大地遍地开花，教师渴望智慧地教，学生渴望智慧地学，教师期许成为智慧的教师，学生渴望成为智慧的学生。那么到底什么才是智慧？

有人说，智慧一定不等于经验，智慧是能够对事物迅速做出正确理解，并进行灵活处理，可以分为创新智慧、发现智慧和规整智慧；智慧应该是人的思考力加经验。因为一个人怎么认识世界，就会怎么改造世界，在改造世界的过程中又会加深对世界的认识。土耳其谚语说：智慧在市场上买不到。法国作家马赛尔·普鲁斯特则认为：没有人给我们智慧，我们必须自己去寻找。因此，智慧的教师必须有对职业、专业的深度认知和丰富的经验。

一个老师面对几十个人的课堂，能够神采飞扬，滔滔不绝，一气呵成，但当他面对一个问题学生的具体问题时却万般无奈，一筹莫展。前者是经验，熟练地重复了一次教材的内容而已；后者是智慧，需要把知识类型与学生的基础、经验、智力、真实态度、情绪、性格特点以及环境资源等结合起来进行规划，优化为一种策略和程序。没有智慧，就无法在现实场景中从多角度思考，迅速找到解决问题的途径、策略、技巧和方法。

教师要养成智慧，就必须在生动丰富的教学实践中，学会高屋建瓴、开阔视野、包容悦纳，并学会从"思考—实践—再思考—再实践"中建构自己的大境界、大画面、大世界，唯有如此，才能真正成为有智慧的教育者。

智慧教师还有另外一个层面的境界，那就是来自"本性"的大智慧。三百年前英国哲学家洛克曾经说过，什么是智慧？智慧就是善良的天性、心灵的努力加经验。仔细品读，确实是一个脱俗的境界。人类的智慧都来自于大自然，大自然的智慧讲"天道"，天道求真，讲"地道"，地道求善。当一个人拥有了"求真、求善"的品格，就拥有了自然界最崇高的智慧，再加上经验，就会成为真正智慧的人。

教育是一份特殊的工作，善良是教育工作的底色，心灵的努力是教育者的底蕴。它是一份致良知的事业，日本一家报刊对千名学生进行了调查，有 52.8% 的学生希望老师温和有爱心，只有 31.1% 的学生喜欢知识渊博型老师，其他看重老师年龄、形象的学生比例

更低。心灵努力的教师，世上无难事，天性善良的教师，会温暖孩子给教育以爱心，有经验的教师能掌握教育的真知，三者集于一身的，一定就是有大智慧的教师。

激活教师读书动力的方式

　　读书是一种提升自我的艺术。"玉不琢，不成器，人不学，不知道。"读书是充实人生的艺术，是感悟人生的艺术，更是享受生活的艺术。

　　我们可以通过读书，"看"到广阔的世界，"看"到银河里的星星，"看"到中华瑰丽的五千年，"看"到风土人情和世间万象。这些说得都有道理，但死读书，读死书，读没价值书，也是不可取的。

　　作为教育人的教师，更需不断读书学习，陶冶情操，积淀内涵，实现专业的不断成长。

　　读专业书籍，就是专业学习的过程，即便是学识渊博、行业资深的专家，单凭兴趣就能把书读进去、学到位的也是寥寥无几。但"项目式"读书，却能增添读书最可贵的内驱力，让读书变成"因

需要而读"，变成"有效的学习"，也能促进读书与实际工作相结合进行思辨，悟出深刻的道理，更能通过读书找到解决问题的方向，学以致用。如此，便实现了读书的另一个境界——"学，思，用"完美结合。

"项目式读书"是我独创的新名词，它可参考"项目学习"来理解。我们现今的教育是按科目学、按章节学，全面而又漫无目的地学，从学生的角度看，学习目标基本定在分数，不知将来用这些知识解决什么问题。而项目式学习是对传统教育的颠覆式变革，先提出需要多个知识点才能解决的问题，然后围绕问题发散思维，在解决问题的过程中学习知识。

"项目式读书"形同"项目学习"的思维方式，这种读书方式，

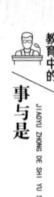

尤其适合像教师这样职业人员的继续学习，从自己工作的实际需求出发，围绕工作中面临的问题有针对性地选书、读书，解决问题的过程就是高效读书、专业成长的过程。"项目式读书"的内容，可以是教师要开设的新课程，比如：学生生涯发展指导、steam 课程、体育的跆拳道、羽毛球选修课等；还可以是教师要研究的教学方法、是某类课程的授课艺术、是为教师或学生培训的专题讲座、是学科中一类问题的处理方法等等，这样的项目，工作需求就是读书的动力。大家都知道，读书贵在思考，"项目式读书"是为了解决实际问题，因此在读书的过程中必须思辨，把切合实际的学的内容付诸实践，学以致用。教师在读有所获的同时，更会增添进一步学习的动力。

班主任老师带着管理的问题读魏书生《班主任工作漫谈》，带着高中改革的困惑读《如何做学生生涯发展指导》，每本书都能成为专业技能的一扇天窗。带着问题去读书和毫无目标的浏览，这两种读书状态和读书效果是完全不同的。教师在工作中要面对一个又一个问题，如此，每天、每月都可以围绕要解决的问题去读书。很少有国家像我们国家这样给教师提供各种"福利"培训，基本上都是让教师围绕专业发展进行自主读书学习，这种"项目式读书"已经是世界教师专业发展的主要途径，同时也是高效学习的重要通道。

怎么把时间还给教师

教育部长在"两会"上呼吁，把时间还给教师，其中重要的一项就是学校要远离各种"表叔""表哥"。

现在教师要填的表太多了，占用了教师大量时间。那么，如何判定哪些表必要，哪些表不必要呢？可以用管理者的"初心"进行鉴别。如果是为了迎接检查，为了给别人看成果，为了留资料，为了完成与教学无关的任务，这些表格多数是没必要的，因为表格是人造的，可真可假，看似客观，实则结果可能主观，靠表格检查多是形式主义，看表格定成果多是方向错误，因为学校教育的成果主要是师生的变化。如果初心是为教师发展、为学生成长，这样的表大都是必要的，但如果初心如此，很多工作也无须那些表格，比如：学生综合素质评价，它真正的目的是促进学生发展，当表格充斥评价过程时，结果反而会阻碍学生发展，影响评价结论，甚至培养坏的风气。

不让教师做"表哥、表叔"的接待者，减少教师做与教育无关的事，是把时间还给教师，但是只做这些还远远不够，科技就是生产力，把时间还给教师，更应该思考如何科学地去工作。

教育部党组书记、部长陈宝生在《人民日报》撰文，吹响了"课堂革命"的号角。坚持内涵发展，加快教育由量的增长向质的提升转变。把质量作为教育的生命线，坚持回归常识、回归本分、回归初心、回归梦想。当教育真正回归常识、回归本分、回归初心时，只要科学地开展工作，教师日常的每一项工作中都有可节省的时间。比如教师最常规的工作"备上批辅考"，如果我们抛弃"本本主义""形式主义"，用改革创新的思想，就可为教师省下很多时间。

教师备课可节省时间。过去备课主要靠几本资料和老教师的经验，但现代信息技术为教育提供了多种可能，教师备课也应该有新样态了。备课没有固定条框，但改革开放40多年了，还在固守老规矩，集中备课时间不减反增，一定是逆社会发展的；过去教师坐在一起口传身授，是备课的常态，今天在信息技术的支持下，教师不再局限于一种形式，可以利用网络备课，可以用零散时间依托信息群随机备课。这些方式的使用，都能把时间还给教师，教师备课也由领导监督变成自己主动，这样的备课也更高效。

作业批改可节省时间。批改是最耗时的工作，很多学校要求教师全批全改，教师也不敢越藩篱一步，但如果我们用心地想一想，老师辛苦地全批全改的卷子，学生看到的也只是卷子的对错，有教师给修正过来或写点建议，实际是最费力又效率不高的做法。科学思考，其实有很多高效的批改办法可以尝试，比如，我们组织学生在课堂上练习，就可以留五分钟时间，当堂公布答案，让学生现场直接自批，批完之后还可不收试卷，学生知道答案后再次做试卷，这个做法，让老师省了大量批改时间，但效果比老师收上来，批对错效率要高很多倍。因此，科学地批改，不是一味地教师全批全改，应是多种科学批改方法的组合，自批、互批、限时训练当场批、重大问题当面批等等。

教案、导学案书写可节省时间。社会发展到今天，还有学校坚持让老师手写教案，认为手写效果好，其实，如果老师心不在教案上，给教案"绣花"也未必有用。我们不能武断地规定怎么写教案、导学案才算好，但是现代信息技术一定要用，自己独特的设计一定要有，成型的好教案可以借鉴，别人的成果可以学习。我们强调教案个性化的同时，更要充分用好集体的智慧，把教案水平提上去，把教师个体用时减下来。我们提倡个性化教学，不仅要体现在教学艺术上，课堂教育的核心思路、办法，素材都该分享。

在学校，"时间"水分大的还有很多。比如，校本课程是改革的一个亮点，课程是教育中最严肃的事情，有的学校每个教师都开校本课程，甚至一个教师开发几门，这种做法，难以保证课程质量，我们鼓励教师开发课程，但前提是有质量保障，否则学生反受其害。校本课程的本质，是满足学生个性化发展的需求，谁开发的不是关键，未来的社会分工可能越来越细，但合作一定会越来越密切，让专业人做专业的事，我们在鼓励优秀教师开发有水平的校本课程外，更应提倡购买社会专业人员开发的高质量课程，让教师有更多的时间静下心来教好课。

把时间还给教师，也不要把眼睛只盯在校园，更关键的还是社

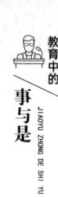

会治理。经济合作与发展组织（OECD）2016年2月公布的教师教学国际调查结果（TALIS）项目显示，上海初中教师每周工作时间为39.7小时，其中用于课堂教学的时间为13.8小时，占工作时间的三分之一，远低于国际平均值19.2小时。

可见，我们教师虽然工作时间较长，但大量时间被无用、无效的事情占用，除了"表哥""表叔"，工作有待更科学，还有很多"会哥""会叔""被培训""被成长"，解决这些问题更需整个社会的努力，教育的发展同社会供给侧改革要同步进行。

把时间还给教师，不是给教师放假，而是让教师做该做的事，让教师有放飞教育灵魂的空间。把时间还给教师，不是口号和未来的事情，而是当下每项工作都可有所体现的急需，是教育"以人为本"在教师角色上的具体落实，是教育改革创新的一个条件，也是办美好教育的一项指标。

教师职业未来将更专业化

"三人行必有我师焉""家长是孩子的第一任老师"，这些耳熟能详的观点，抛去字面的直接含义不讲，其实这些话的背后，也引导了人们对教师职业的一个误读，那就是人人都可以做教师。教师是人类灵魂的"工程师"，教师是辛勤的"园丁"，很多年来我们都把它当作华丽的字眼形容教师这个职业，但在华丽背后也蕴含着对教师职业的轻慢，因为教师职业还得用"工程师""园丁"来解读，看似赞美，其背后灵魂深处是认同工程师、园丁的专业性，而对教师的专业性却并不认同。现在国家一直在呼吁提高教师的待遇，参照当地公务员，不低于当地公务员待遇，这个政策迟迟得不到落实，当然这与经济状况有关，但也不能不说，社会对教师职业的专业性认识不够，对教育工作的科技含量看法也左右政策走向。

诚然，当社会事业刚刚起步的时候，教育有过学生高中毕业就可去教初中生，初中毕业就可去教小学生，甚至只要识文断字就可以当老师的年代。教师作为知识的"搬运工"，学生是知识的"复读机"，这也是一个时代的教育，但随着社会事业的发展，人类社会的进步，这个年代已经一去不复返了，现在社会的分工越来越细，需要的是专业的事一定由专业人去做，人们需要的不是简单的传授知识，而是更加美好的教育，需要的是生命对生命的唤醒。想做教师的人面临的问题不再只是入门有门槛，而是这个职业的专业性越来越强。

教师要会多项技术。直接看到的技术是多媒体的技术，多媒

体在各个行业都得到了广泛应用，但在教育上，应该和其他行业有所不同，应该有自己独特的地方，比如多媒体成图、多媒体动画，这其中除了多媒体，也包括教师的板书、板画，实验设计操作，需要的是教师有更多专业的基本功。人们当前普遍的共识是，科技虽然不能取代教师，但掌握科技的教师一定会淘汰不掌握科技的教师。

教师需要多样艺术。很多人都说过，好的教师要是一位演讲家。说教师是靠"嘴"吃饭的行业，虽然不一定多正确，但教师的表达能力、表达艺术，确实是教师的基本功，不是有才学就可当好教师的。书本上的知识是凝固的，学生渴求的却是鲜活的，教育过程不是简单的搬运，而是唤醒，不一样的教师，一定会有截然不同的教学效果。教育需要教师人人是演讲家，教师的任务不只是传道、授业、解惑，学生都是有个性有灵性的个体，每个班级也都是一个小社会，教育需要组织管理，好的教师也必须懂心理，会管理。

教师需要天天创造。教材很多是统一的，但教师和学生却是千差万别的，国家教材需要整合，校本教材需要开发，教学方法、手段要因时、因事、因人而异，教学可以有模式，但更要活学活用。比如，在小学阶段实施国家课程时，有的学校在实施策略中提出，针对学生的点状思维，引导学生知识结构化，采取整合策略；针对学生的多向思维，引导学生建立标准，采取分类策略；针对学生的偏差和错误，引导学生注重聚焦，采取比较策略；针对学生的思维困惑或矛盾之处，反问、追问学生，深化思考，采取质疑策略；针对学生的具体思维，帮助学生概括、抽象，达到目标，采取提升策略；针对亮点，引导全班学生都来思考、碰撞、生成，采取放大策略；等等，这些活动，无疑每一方向都在创造。

生活中我们可以认同一字之师，但不要由此把教师职业平庸化，进而影响了对教师职业深度的认知，未来的教师职业一定是越来越专业化的。大学毕业，只是过了第一道门槛，美好的教育是含技术、靠艺术、常创新，需要从业者一生的努力，人们对教师专业化的认同，才是尊师重教最基础的工程，教育只有在全社会夯实这个民意和现实基础，才会吸引更多优秀人才，美好的教育才会离我们更近。

哈佛大学办学给中小学教育的一点启示

2018 年 11 月，英国报刊《泰晤士高等教育》发布 2018 年全球大学毕业生就业竞争力排行榜，哈佛大学位居榜首。截至 2018 年 10 月，哈佛大学共培养了 8 位美利坚合众国总统，而哈佛大学的校友、教授及研究人员中共走出了 158 位诺贝尔奖得主（世

界第一），18 位菲尔兹奖得主（世界第一），2017—2018 年，哈佛大学位列世界大学学术排名（ARWU）世界第一、US News 世界大学排名世界第一。

哈佛大学毕业生有这么强的竞争力，与哈佛大学的一个传统密切相关。近百年的历史中，哈佛大学一直都致力于选择校友较为集中的企业实行"产学研"合作教育，通过校友的中介和桥梁作用，为哈佛大学和企业牵线搭桥，以此调动企业参与并支持合作教育的积极性，实现校企双方的优势互补。多数哈佛大学的学生在其学习期间都会得到来自校友的支持和帮助，在校友的引领下，哈佛大学的学生在成长过程获得的机会会更多，能力发展自然也会更快，这也正是他们社会竞争力强的一个重要原因。

哈佛大学毕业生有如此强的社会竞争力，有丰富的校友资源不是唯一的因素，但一定是一个重要因素，哈佛大学的经验很值得基础教育借鉴。现在一些中小学校已经开始重视校友的强大力量，提倡、鼓励优秀的校友为学校争光，为学校建设贡献力量，为学校发展出谋划策，但这远远不够，基础教育的发展还应有更多校友参与，为学校做更多的事情。

校友资源可用于开发学校课程。国家课程改革的政策就是建立国家、地方和学校三级课程体系，校友就是学校的一个重要的课程资源，校友对校内学生而言是学业引领者，对学校而言是荣光的缔造者和文化、精神的传播者。校友的身份不仅是教师，还

是对母校有着共同情感的朋友，因此，校友参与开发的课程是有多层附加值的课程，值得期待。

校友资源可用于建设实践基地。新课程改革的一个重要突破点就是打开学校教育和社会直接的壁垒，让学生更多地了解社会，参与社会实践。在学生发展指导工作中，最重要的也是最难落实的就是学生的社会实践或职业体验，学校已经开发了很多渠道，但如果能借助校友资源，这也一定是最有效的途径之一。

校友资源可用于对在校学生的"手拉手"帮助。古有"孟母三迁""近朱者赤，近墨者黑"的说法，校友大都有母校情结，选择那些对教育对公益有热心且对母校感情深的校友，和校内的在读学生结成"大手拉小手"的帮扶关系，让校友在精神上激励学生，在前行方向上引领学生，在实践过程中指导学生。我们每个学校都有千千万万个校友，有百分之一、千分之一参与，就是素质教育一条新的途径，一股不可忽视的力量，一项难得的资源。

教育的汪洋大海，就是由点点滴滴的教育智慧组成的，而这点滴之水，可能就在生活中的各个角落，只有看到并把它拾起，才会有教育的丰富多彩，才会有美好教育的奔腾不息。